Kirgistan. Ich habe eine Reise dorthin gemacht. Doch dies ist nicht die Beschreibung meiner persönlichen Reise. Ich habe nur den Auftrag, dich nach Kirgistan einzuladen. Du hast alle Zeit der Welt, du kannst der Einladung folgen oder auch nicht. Natürlich ist in mir ein tiefer Wunsch, dass du kommen mögest, dass du weiterliest, dass du das Wagnis eingehst. Dass du dich einlässt, auf ... ich kann es gar nicht genau sagen, es ist nur eine Ahnung. Mir wurde nichts Genaues gesagt.
Du wirst jedenfalls abgeholt, es wird jemand mit dir reisen. Du wirst in guten Händen sein, das weiß ich. Du bist eingeladen, bist willkommen. Ja, du wirst sogar freudig erwartet. Wenn du sie antreten willst, wünsche ich dir eine Reise voller Zauber und Segen.

Cambra Skadé, Temir Kanat (Kirgistan)

Die Winde haben mir gesagt, dass du kommen wirst, von weit her. Ich bin hier, um dich zu begleiten. In die aufgehende Sonne hinein betrittst du dieses Land, in dem du fremd bist und in das du doch so sehr gehörst. Vielleicht hast du längst schon eine Einladung erhalten. Eine alte Heilerin könnte in deinen Träumen aufgetaucht sein, ein Hinweis, ganz nebenbei, ein zufällig gefundenes Buch, ein Geschenk ... Manchmal gibt es drei Einladungen und die Gewissheit, dass es keine vierte geben wird. Du hast die ersten Seiten aufgeschlagen und gehst nun über die Grenze in ein neues Land.

Was gestern war, ist eine Ewigkeit her und was entstehen will, steht in den Sternen. Deine Hände berühren die Seiten, der Wind blättert sie um, du liest dich in deine Geschichte hinein. Du bist gemeint, mit allem, was ich dir sagen werde. Ich habe dich gerufen, immer schon. Wir werden miteinander reisen, solange du willst, und es wird neu und vertraut zugleich sein. Ein erster, feiner Faden entsteht, unsere Wegstrecken beginnen sich miteinander zu verspinnen. In den neuen Tag hinein reisen wir auf die Schneeberge, auf den Kungej-Alatoo zu, dessen Spitzen rot leuchten. Unsere Fäden werden sich verweben zu einem Teppich, der einlädt, auf ihm zu schlafen, zu tanzen und sich zu lieben.

Wir brechen auf in unbekanntes, weites Land. Hinter den Bergen liegt die Kasachensteppe. Der Geist der wilden Herden, der Nomadenvölker wird uns begleiten. Er wird deinen Geist berühren, wird sich mit deiner wilden Kraft verbinden und dich über das Land fliegen lassen. Über das Land der hohen Schneeberge, über Steppenland, Grasland, über die Taiga, über das Land, in das sich große Seen malen. Ihre Oberfläche ist ein Spiegel, ihre Tiefe ein lautloses Lied. Wir werden durch dieses Land reiten, weil die Pferde dazugehören wie Wind und Wasser, wie die heiligen Feuer und die Steine.

Ein Sonnenstrahl, *Nur*, fällt auf den Weg, verwandelt sich und Nursat, eine junge Kirgisin, wird uns von nun an als Pferdeführerin begleiten. Sie bringt die gesattelten Pferde. Komm, lass uns losreiten. Der Weg ist lang und vor Einbruch der Dunkelheit wollen wir im Jurtenlager sein. Die Pferde sind trittsicher, im langsamen Passgang reiten wir tiefer in das Bergland hinein. Glitzernde Bäche, saftige Wiesen, die Wärme der Sonne – Zauber, der lebt. Weich setzen die Pferde auf der Blumenbuntheit auf, als schwebten sie, als könnten sie jeden Moment in den Himmel fliegen, der Felsen und Eisberge strahlend überzieht. Alles ist ein Willkommen, und eine tiefe Freude erfüllt mich. Ein uraltes Liebeslied hat gerade begonnen, möge es kein Ende nehmen und unendlich lange erklingen.

Kirgistan ist ein altes Land. Die Kräfte, die es formten, sind gewaltig. Eis, Sonne und das Beben aus der Tiefe der Erde haben diesen wunderbaren Teil der Erde einst gestaltet. Und noch immer heben die mächtigen Kräfte die Berge höher in die Himmel. Manchmal spürst du das Beben der Erde unter dir, auch wenn sein Zentrum Tausende von Wegstrecken entfernt liegt. Die Schwingung setzt sich fort, durchzieht Knochen, Zellen, Gedanken, Gefühle. Ein inneres Beben lässt uns aufhorchen und in sich neu formende Landschaften schauen. Wasserlieder strömen uns entgegen. Die Schneefelder tauen jetzt in der Sommerhitze und füllen die Flüsse. Sie werden uns kühlen, nähren und herausfordern.

Einen der weißgrauen, reißenden Gletscherflüsse wollen wir überqueren. Die Tiere sind aufmerksam und vorsichtig. Noch ist keines der Pferde losgeritten. Nursat schaut zu dir, prüft und scheint dich im Stillen zu fragen: „Willst du den Weg wirklich gehen?“ In diesem letzten Moment, bevor du dich entscheidest, zu gehen, ist größte Konzentration gefordert. Es gilt, die Pferde beherzt anzutreiben, darauf zu hoffen, dass keine Untiefe sie einbrechen lässt. Die weißen Wasser reißen, der Hund wird abgetrieben und muss sich mühsam den Weg über den Fluss erkämpfen. Du bist es möglicherweise nicht gewohnt, auf dem Weg solchen Herausforderungen zu begegnen. Für die Menschen hier ist es ein Teil ihres Alltags. Du kannst mir vertrauen, auch wenn es manchmal gefährlich ist, mit mir zu reisen. Aber ich liebe dich, vielleicht mehr als du ahnst. Und ich will dich an deinen Mut und deine Kraft erinnern, wenn du mitten in dem wilden Fluss zu zweifeln beginnst. Treib dein Pferd an. Es ist sicher, es kennt diesen Weg, auch wenn sich seine Augen für Momente vor Schreck weiten – glaub mir. Auf der anderen Seite begrüßen uns die Wiesen und die Sommerwärme. Die Gefahren ziehen aus unseren Gedanken fort. Dein Lachen klingt in die Berge hinauf. Nursat ruft zum Aufbruch. Wir folgen dem Weg der ehemals großen Nomadenzüge, hoch in die Berge zu den sommerlichen Weidegründen. In die tief stehende Sonne hinein erreichen wir die Jurten. Feuer, Stimmen und Essensgerüche laden uns ein.

Wir sind im Dschailoo, auf der Sommerhochweide, im Gletscherland. Die Nomaden sind immer schon über die Pässe gezogen, um in den Hochebenen ihr Sommerlager aufzuschlagen. Ihre Familien, die Herden, die Jurten und all ihre Gerätschaften werden im Frühjahr über die Pässe gebracht, um im Reichtum der Berge die Sommerfülle zu leben. Kräuter, Blumen, Weidegras, die klaren Wasser, all das lässt Menschen und Tiere prächtig leben und wachsen. Wenn die Frühlingssonne genug Wärme schickt, machen sich die Menschen auf und ziehen über die viele Monate lang unzugänglichen Gebirgspässe. Vor Einbruch des Winters, bevor die Schneestürme den Weg ins Winterlager, in die Steppe unmöglich machen, kehren sie wieder zurück. Wenn der Pass verschneit ist, gibt es keine Möglichkeit mehr, Dschailoo zu verlassen. Manchmal aber wird der rechte Zeitpunkt zur Rückkehr nicht wahrgenommen. Niemand weiß warum, denn wir sehen keinen mehr. Alle Zurückgebliebenen müssen in den Schneestürmen sterben. Im Winter gehört der hohe Tien Shan – die Himmelsberge – den Geistern allein. Wie wertvoll sind da die wenigen Monate im Dschailoo, wie reich und lebendig, wie sehr wird in dieser Zeit das Leben gekostet. Blumendüfte betören, Blüten wollen berührt werden, Felsschluchten fordern deine ganze Aufmerksamkeit. Dieses einfache Dasein in meinem Land, so pur, so herausfordernd und manchmal auch so hart, so köstlich und wild, so körperlich und so nah an den Himmeln, lässt in einer Tiefenschicht etwas vom Erden-Sein verstehen.

Du weißt nicht wirklich, wer ich bin, und doch hast du dich eingelassen auf die Begegnung mit mir, auf unsere gemeinsame Reise. Möge alles so kommen, wie es sein soll. Während ich dir etwas über Dschailoo und das Leben der Menschen hier erzähle, atmen wir die klare, dünne Luft ein. Viele Leben schon haben wir unseren Atem miteinander verbunden. Und wieder ist es wundervoll. Ich will dich riechen, schmecken, spüren. Behutsam will ich in eine erste, zarte Berührung mit dir gehen. Der Wunsch, dass du dich darauf einlassen magst, flattert wie ein junger Vogel in meinem Inneren.

Wie schnell der Geist hier anfängt zu fliegen, wie viel Weite es dafür gibt! Das Wiehern der Pferde holt mich wieder ans Feuer. Almas kommt zurück aus den Bergen. Er hat nach den Herden gesehen und eine andere Nomadenfamilie besucht. Almas erzählt, wie die Stutenmilch geschmeckt hat, dass sie gemeinsam Seile gemacht haben, dass zwei Hirtenjungen zu Besuch waren und ihm etwas für die Kinder mitgegeben haben.

Güldastan ist dabei, den Nudelteig auszurollen. Hauchdünne Teigschichten gleiten durch ihre Hände, falten sich wie von selbst zu Taschen. Sie freut sich, wenn ihr die Gäste dabei behilflich sind. Auf ihre ruhige Art führt sie uns ganz nebenbei in das nomadische Leben hinein. Sie braucht dazu keine Worte. Auch das ist eine Kunst der Menschen hier. Das Miteinander hat eine eigenartige Selbstverständlichkeit und Ruhe. Es wird getan, was getan werden muss. Die täglichen Handgriffe und Schritte sind sicher und beherzt. Hier folgen die Menschen den Notwendigkeiten, dem Fluss des Lebens.

Brennholz ist zu sammeln und getrockneter Dung für das Jurtenfeuer,

den Ofen, den Samowar. Wir laufen über die hohen, bunten Wiesen – tief im Süden, im Sommer. Und zum ersten Mal berühre ich, fast zufällig, deine Hand. Ein Strom von Lebendigkeit, von Lust und Verlangen durchflutet meine inneren Räume. Alle Leben, in denen wir miteinander verbunden waren, ziehen in betörenden Düften an mir vorbei. Samten und weich legen sie sich über uns. Sie umfangen uns, lassen erahnen, welche Erfahrungen sie einst für uns bereithielten. Schwere und leichte Düfte, dunkle und auch solche voller Geheimnis. Sie bringen uns die Süße der Blumen und den Gesang von Sinnlichkeit und Hingabe. Düfte erinnern manchmal an das, was unter längst verheilten Wunden liegt. Auch Düfte von Wehmut und Schmerz verweilen zwischendurch bei uns, ziehen uns in ihre Räume hinein, auch sie wollen – wie alle anderen – tief eingeatmet und angenommen werden. Und wenn die Wächter des tausendfachen Schmerzes, der Trennung, des Verlusts sich zu Wort melden, wenn sie mit der Angst vor Veränderung, vor Hingabe ihre Töne in die Gesänge einweben, dann lass uns einen heiligen Raum erschaffen. Alle Stimmen sind da, um gehört zu werden, lass sie uns umarmen und mit ihnen tanzen. Möge dein innerster Klang Raum haben, ohne zu wissen, was kommt. Sei in allem berührt von meiner Liebe, denn ihr habe ich vor langer Zeit diese Reise gewidmet.

Wir sind noch nicht lange in Kirgistan und doch wirst du immer mehr wie die Menschen hier. Sie erkennen dich als zu ihnen gehörig. Deine Augen haben diesen seltsamen Glanz von Menschen, die in den Ländern des Herzens unterwegs sind. Jeder Schritt tiefer in diese Länder hinein macht dich noch schöner.

Es gibt so Vieles, was im Umgang miteinander hilfreich ist zu wissen. Du tauschst dich aus mit Nursat, mit mir, mit den Menschen hier. Wie begegnen wir einander, wie begrüßen wir uns? Welche Regeln gibt es? Und wir beginnen, Gemeinsamkeiten zu finden zwischen den Menschen hier und dir, beginnen unsere Lebensweisen unter diesem Aspekt zu betrachten. Was ist das Verbindende? Wie ist die älteste gemeinsame Sprache? Wie sieht unser gemeinsames Mutterland, Dscher-ene, Mutter Erde, aus? Es wird so sein, dass die Menschen miteinander etwas Verbindendes finden müssen, auf das sie sich ausrichten, über das sie sich verständigen. Wir werden eine universelle Sprache brauchen. Sie wird uralt und ganz neu sein. Sie wird auf allen Breitengraden gleich sein. Sie wird überall verstanden, denn es wird die Sprache der Weltenbürgerinnen und -bürger sein. Es ist die Sprache des Herzens, die überall verstanden wird. Einen Teil dieser Sprache findest du hier im Land der alten nomadischen Stämme. Einander staunend und offen begegnen, von Liebe beseelt verstehen, was die Menschen bewegt, was sie sagen. Du erwiderst Nursats Lächeln, staunst über ihre ausladenden Schritte oder folgst mit deinem Blick ihrem behutsamen Streicheln der Pferdenüstern. Hinter all die Unterschiede tauchen, in den Gesten, im Lachen, im Wünschen, in den Berührungen – in jedem Ausdruck wissen, was auf welche Weise verbindet oder trennt, was verstanden wird, was berührt. Du bist unter anderem hierher gekommen, um diese alte, universelle Sprache ausfindig zu machen, um sie zu sprechen und weiterzugeben. Du weißt, je mehr und je sicherer du sie sprichst, desto mehr bist du überall zu Hause.

Behutsam ziehe ich die Linien deines Gesichts mit einer Falkenfeder nach. Es könnten kirgisische Gesichtszüge sein, aber ebenso auch alle anderen. Es verschwimmt und hat letztendlich keine Bedeutung. Viele Geschichten weben sich in deinen Lebensteppich. Jetzt ist es eine kirgisische. Vielleicht möchtest du gerne die großen Zusammenhänge verstehen. Dann geh an das alte Feuer mit der tiefen Glut, hör das Knistern und die Stimme deines Wissens, die dir sagt: „Es gibt so viele Einzelheiten, das vollständige Bild zeigt sich erst, wenn es fertig ist. Es wächst wie eine kleine Blume, wie Birkenwälder oder Gebirgszüge."

Während die Herden aus den Bergen geholt werden, tauchen die

schneeweißen Berggipfel in das goldene Abenddämmerlicht ein. Mit den sternklaren Nächten kommt die Kälte. Während der Ofen dich von vorne wärmt, kriecht dir die Kälte den Rücken entlang und legt sich wie ein Nordlicht um deine Schultern. Du kannst dich wärmen am Feuer. Tschai und das reichhaltige Essen werden das Ihre dazu tun. Komm, setz dich her und koste die Kraft dieses Landes. Smetána und Áiran, Manty, die speziell gefalteten Teigtaschen, Gemüse, süß gebackene Nudeln, Kurút, Varényas ... – das Land liegt uns zu Füßen im Sommer. Es schenkt sich uns in all seiner Fülle. Wenn Gäste zum Dschailoo kommen, bringen sie Aprikosen oder riesige, süße Melonen mit. Die Ankommenden werden mit Kymys, der sauer vergorenen Stutenmilch begrüßt, die ihnen Gesundheit bescheren soll.
Das Beisammensein der Menschen um den Tisch ist wichtig. Auf dem Boden sitzend, zutiefst verbunden mit der Erde, erzählen wir uns Geschichten, lachen miteinander, schweigen. Du lässt dich von den kirgisischen Klängen dahintreiben, auf den vertrauten turko-mongolischen Wellen – dem Altaiklang. Wenn aber ein bestimmtes Wort fällt, meine ich dich aufhorchen zu sehen, als wolltest du ihm folgen. Es ist das Wort „Shamal“. „Was bedeutet Shamal?“, fragst du irgendwann voller Neugier und doch so, als wüsstest du es schon längst. „Wind“, sagt Güldastan. „Shamal heißt Wind“.

Lass uns den Sommer genießen. Wir können nicht lange hier sein und die Momente mit dir sind so kostbar. Deine Unschuld, die sich federleicht und bunt durch alles tanzt, dein Spiel, deine Begeisterung, dein Süden – all das ist wundervoll. Ich bin voller Freude, wenn ich deine Haare in wilder Windberührung sehe, wenn du den Pferden hinterherläufst und mit den Hunden spielst. So jung und schön siehst du aus, so voller Lebensfreude. Barfuss tanzt du über die Blumenwiesen, als gäbe es immer nur diesen einen kostbaren Moment. Wenn der kleine Hirtenhund mit dir herumtobt, wenn ihr durch den Bach springt, jauchzend und ungestüm, dann erfüllt mich Freude und Sehnsucht nach dir. Mögest du dir den Süden, den Sommer, bewahren. Mögest du immer frei und voller Sinnenlust in deinem wunderbaren Körper leben. Mögest du berührbar bleiben. Möge dich dein inneres Feuer wärmen und andere großzügig willkommen heißen. Geh durch den Süden mit leichten Schritten, verlebe Tage in unbeschwerter Heiterkeit. Kraftvoll und lebendig möge dein Begehren Erfüllung finden. Mögest du dir dein Recht auf alle Stürme, auf deine Wildheit und deine Gezeiten nehmen, auf deinen Sommer, auf deine Ungezähmtheit, auf deinen Tanz. Mögest du dich schön finden, so wie du bist, mit allem, was dich ausmacht. Die Momente, in denen du alles freigibst, deinen Atem, den inneren Fluss, dein Lachen, deinen Tanz,

deine Wildheit, dein Sehnen und deine Liebe, sind heilige Zeiten voller Weite. Dann ist ein Ahnen da, wie das Spiel des Lebens in größtmöglicher Freude und Leichtigkeit sein kann. Ich wünschte, du könntest dich mit meinen Augen in deiner Lebendigkeit sehen, dann wüsstest du, warum ich so verzaubert bin, so betört und berührt von dir.

Die Sommertage im Dschailoo ziehen ins Land. Über uns ist der Himmel strahlend blau. Nichts deutet darauf hin, dass sich innerhalb der nächsten Viertelstunde alles ändern kann. Noch ist nichts auszumachen. Es gibt aber so etwas wie eine Vorahnung in einem selbst. Hier oben ist es immer unwägbar. Winde kommen und bringen dunkle Wolken mit. Die Temperatur fällt schlagartig. Alle beobachten den Himmel mit großer Aufmerksamkeit. Mit einem Teil unserer Aufmerksamkeit tun wir das immer, das bringt das Leben so nah an den Elementen mit sich. Almas schließt seine Augen, betastet das, was sich ihm zeigt und dann nimmt die Eile ihn an die Hand. Er überprüft die Jurtenseile, schaut, ob die Stangen fest im Tündük stecken. Tündük, der schwere, hölzerne Ring in der Mitte des Jurtendachs, ist die Öffnung in den Himmel. Es ist der Reiseweg zu den Ahnen und Spirits. Sonnen- und Sternenlicht fallen durch das Rund in die Mitte. Der Tündük, unser Wahrzeichen, symbolisiert die Sonne. Strahlen umkränzen ihn, wie die roten, gebogenen Jurtenstangen die Öffnung.

Oft ist es die Kraft der Birken, die unsere Jurten trägt. Sie müssen den Wettern standhalten – so wie jetzt.
Shamal ist da, mit aller Wucht, und jagt über die Erde. Über den Himmel reiten die Geister. Dunkel und brausend ist Shamals Gesang. Böen zerren an den Seilen, prallen an die Jurtenwände. Schwarze Wolken rasen übers Land. Die Tiere kauern sich zusammen und unser Instinkt will es ihnen gleichtun. Sich ducken, sich an die Erde schmiegen, sich zusammenziehen. Komm, lass uns zu einem der Steinkreise gehen und für Shamal singen. Die Winde fegen über das Steppengras. Atme mit dem Wind, besinge ihn, du bist mit Shamal verbunden, du kannst die Winde besänftigen. Deine Stimme ist alt und magisch, es ist eine Zauberstimme, auch wenn du es selbst nicht glaubst. Du beginnst Shamal einzuatmen, einen Ton auf ihn zu legen, zögerlich, suchend, und ihn wieder auszuatmen. Die Töne irrlichtern noch im mächtigen Feld Shamals. Glaube an deine Stimme, atme ihn ein und gib ihm eine Stimme. Deine Töne werden aufgenommen, weitergetragen und eingewoben in ein großes Klanggebilde. Es ist kalt und Shamal singt mit dir, wild und alt – mit einer Kraft, die alles wegfegen kann. Ein Reißen und Aufwirbeln, eine raue Berührung, eine Stärke, die Biegsamkeit erfordert. Deine Seele erinnert sich an ihre Mächtigkeit. Sie tanzt in den Lüften, reitet mit den Tschiltangeistern, wird eins

mit Shamal. Zeit wird bedeutungslos. Minuten oder Stunden später werden die Winde sanfter, singen leiser, wie nach einer langen Liebesnacht. Klanggebilde funkeln nach, als wäre eine alte Verbindung neu belebt worden. Über uns ist wieder der strahlend blaue Himmel. Die eben noch kauernden Tiere stehen wieder. Mit ihnen tauchen auch die Menschen auf, Güldastan, Almas, Nursat ... sie alle schauen lange übers Land. Die Weite hält Einzug und die Stille, die viele Geschichten zu erzählen weiß.

Das Leben in der Jurte ist ein Leben mit der Erde. Die Filze auf dem Boden wärmen. Alles ist an seinem Platz, ist griffbereit – Geschirr und Zaumzeug, Gewänder, Decken, Arbeitsgeräte. Es ist ein wohlgeordnetes System. Es gibt nichts Überflüssiges. Alle Gegenstände sind wesentlich, wie das Leben selbst. Es ist auf das Wesentliche reduziert und so ist es wunderschön, verziert, voller Kraft. Kein Aufwand ist zu groß, um die Schyrdaks, die Bänder und Kisten, die Decken und Gefäße zu gestalten. Alles hat seine Bedeutung, seinen tieferen Sinn, alles ist mit Liebe und Hingabe gemacht, es hat Bestand und ist erfüllt von Geschichten. In den Jurten ist alles eingebunden: die Wolle, die Farben, Gräser, die Mythen des Landes, die Elemente, die kosmische Ordnung. Wenn wir nachts in der Jurte liegen, hören wir den Wind, hören den Atem der Tiere, lassen uns erfassen vom Schwingen der Erde, wenn die Pferde vorbeilaufen. Feuchtigkeit zieht unter deine Kleider, die Sonne streicht warm über deinen Rücken. Die Kühle des Bodens steigt durch die Filze. Alles ist ein spürbarer Teil unseres Lebens. Je länger du hier bist, desto tiefer dringt dieses ursprüngliche Sein in deine Zellen ein, schwingt in andere Schichten.

Wenn meine Hände in den langen Nächten zärtlich durch deine Haare streichen, ich dich in meinen Armen halte und dir Geheimnisse zuflüstere, vermischen sich Filz-, Erden- und Körpergeruch. Dann binden uns die Sterne in dieser grenzenlosen Weite in das Gefüge des Universums ein. Sie erzählen von unserer Sternenheimat und davon, dass du vor langer Zeit entschieden hast, hierher zu kommen, um diese Erde mit allem zu erfahren, was sie bereithält.

Du reist auf den Spuren der alten Stämme, der Reitervölker. Du erforschst die Nomadenkulturen und wirst all das tief in dir selbst finden, denn es ist ein Teil unserer Menschheitsgeschichte. Wir alle waren einstmals nomadisch, sind den großen zyklischen Wegen gefolgt, wie die Zugvögel. Wir kennen die alten Gesetze noch immer, kennen Aufbruch und Abschied, Ankommen, das Immer-zu-Hause-Sein am heiligen Feuer in den Jurten – an dem innersten Feuer in uns selbst. Dieses Wissen ist in uns gespeichert. Vor langer Zeit waren wir

alle Wandernde, Reisende unter dem weiten Sternenhimmel und wir wussten, dass wir ein Teil der großen Ordnung sind.

Die Nomadenzüge werden gut und lange vorbereitet. Bis alles Lebensnotwendige, der gesamte Hausrat, alle Jurtenteile auf den Packpferden und die Kinder sicher untergebracht sind, braucht es seine Zeit. Mühevoll ist der Weg zum Dschailoo. Du hast ja eine erste Ahnung, wie gefahrenreich die Pässe sind, wie schnell im Geröllfeld, auf dem schmalen Felsweg, am abbrechenden Hang ein Pferd stürzen kann. Die reißenden Flüsse unter uns, die plötzlich aufkommenden Kälteeinbrüche, Schnee, der auch im Sommer die Dschailoos erreichen kann, all das macht das nomadische Leben beschwerlich, intensiv und auch so unendlich lebendig. Es gleicht dem der Zugvögel, gleicht Sonnenauf- und -untergang, den Gezeiten, dem Zyklus der Mondin und dem Fluss der Jahreszeiten. So ziehen die Stämme auf der Suche nach Weideland Hunderte von Kilometern durch die kasachische Steppe oder durch Täler und Schluchten höher in den Tien Shan. Die Menschen folgen dem Frühling und ziehen ins Reich des ewigen Eises, ins Sommerlager und später wieder in die Winterlager. In jeder Jahreszeit gibt es genug für Mensch und Tiere. Das Land hier ist für die Nomadenvölker gemacht.

Wenn wir durch unbekannte Landstriche ziehen, wirst du merken, dass die Landschaft und ihre Schwingung immer schon ein Teil von dir waren. Nicht mehr lange und wir brechen wieder auf. Nursat freut sich darauf, sie ist gerne unterwegs. Sie ist ihrer nomadischen Seele nie entfremdet worden. Sie hat sich diese wild-weise Beziehung zu allem bewahrt. Sie zeigt dir, wie du Kräfte sammeln kannst, immer wieder aufs Neue, vor jedem Aufbruch, der verlangt, dich auszurichten. Wir ziehen weiter, in neues Land. Du kannst das Land und auch dich selbst nähren, indem du es ganz in dich aufnimmst. Reite durch die Weite, lass sie ganz in dich hinein. Sie wird sich ausdehnen in dir, sich breitmachen, jeden Teil deines Innenraumes durchfluten. In diesem Moment spürst du, weißt du, dass die Weite bereits in dir ist. Dann tanze sie. Sie wird aus dir selbst entspringen, und die Unermesslichkeit des Horizonts, die Grenzenlosigkeit des Himmels wird ein Teil von dir.

Morgen werden wir weiterreiten über den Pass zum Song Köl. Ein Hauch von Wehmut mischt sich in den Abend. Es ist ein Abschied von den Menschen hier, von Güldastan und Almas, von den Kindern, von dem mittlerweile vertrauten Ort. Ob wir uns wiedersehen, steht in den Sternen und auch, was uns erwartet. Der Blick geht zurück, besieht sich den Weg, die erste Begegnung und wandert hierher, an den Ort, an dem eine Freundschaft entstanden ist und weiter zu den langen Wegen der Nomadenvölker.

Der kirgisische Schriftsteller Tschingis Aitmatow beschreibt die großen Züge zum Dschailoo und etwas davon ist noch immer zu spüren, denn es ist wie ein ewig gültiges Gesetz: das Vertraute verlassen, der Aufbruch in das Ungewisse, voller Vorfreude, Bedenken und Hoffnung. Es braucht unseren Mut, etwas, das uns lockt, wie die wunderbaren Hochweiden, die Hoffnung auf die Erfüllung dessen, was wir uns wünschen, was uns nährt, stärkt und glücklich macht. In der „Nacht der Sammlung" kamen einst die Karawanen zusammen und die Sprechgesänge der Alten klangen über die Feuer. Gebete erfüllten die Nacht. Mögen die mächtigen Berggeister den Weg freigeben. Mögen Mensch und Tier beschützt sein. Es sind Bitten, dass der Weg in die höchsten Regionen frei sein wird, dass die Reise gesegnet ist, dass alle Dschailoo heil erreichen und ihren Sommer dort glücklich verbringen dürfen. Es ist ein Kundtun der Liebe zu dem Land, zu den Bergen, dem Himmel, der Erde. Es ist der gebetete Wunsch, irgendwann wieder heil ins Winterlager zurückzukehren. Es ist Dank und Bitte, Liebeserklärung und Ehrung, vielleicht auch ein Sich-bewusst-Machen all dessen, was das Leben bereithält. Und so ist es auch ein tiefes In-Verbindung-Gehen mit allem, ein Sich-Einbinden in ein großes Gefüge. Ich will mit dir ein Lied singen, das sich in den Gesang dieses Landes einwebt. Deine Stimme ist hell und klar, und in welcher Sprache du auch singst, unsere Herzen verstehen, was du rufst und ehrst, wovon du Abschied nimmst und wann du um Schutz bittest für die, die zurückbleiben.

Es wird Zeit, lass uns aufbrechen zum Song Köl. Still, aufmerksam und freudig reiten wir höher in den Tien Shan, zu den Quellen von Lebenskraft, Sommerweite und Fülle.

In uns allen ist ein uraltes Bewusstsein des Nomadischen. Unsere nomadische Seele lebt weiter und sie sehnt sich nach Bewegung, Wanderung, nach Wildnis und dem würzigen Geschmack des Lebens. Hier in Kirgistan ist noch zu erahnen, wie sehr alles mit dem nomadischen Leben verbunden ist. Jeder Teil dieser Kultur, des Alltags ist davon durchdrungen. Die Reisen und Wanderungen der Menschen hier haben Spuren in jedem Teil ihres Lebens hinterlassen.

Wir reiten auf den großen, stillen See zu. Es ist das Reich der Schwarzstörche und Streifengänse. Die Wiesen sind gesprenkelt mit Edelweiß und rosaroten Blüten. Hier auf der Hochebene beginnt der Körper, die dünne Luft zu spüren. Das Luftholen wird intensiver. In der Ferne zeichnen sich weiße Punkte ab, es ist das Nomadenlager, zu dem wir unterwegs sind. Das Seeufer ist geheimnisvoll und nicht ungefährlich. Sümpfe und tiefe Schlammlöcher verwehren uns an vielen Stellen den Zugang. Das Land erfordert es, sich nicht unbedacht in den wilden Landstrichen zu bewegen. Und manchmal gibt es keine Erlaubnis, einen Ort zu betreten. All das macht uns wach, lässt uns mehr und mehr in eine selbstverständliche Aufmerksamkeit gehen. Ein Erspüren, Erahnen, Voraussehen entwickelt sich. Du entzifferst die Tropfen des schmelzenden Schnees auf deiner Hand, du verstehst das

Lied, das dich zwingt, dem wilden Pfad zu folgen. Du ermächtigst dich, deinem untrüglichen Instinkt die Führung zu überlassen. Du betastest das Gestein und siehst den Weg voraus. Du riechst die Feuer, die dich nähren.

Wir werden erwartet. Dschildis hat Beschbarmak gekocht, eine Brühe mit Hammelfleisch und Zwiebeln. Lepéschka, das runde Fladenbrot, ist frisch und noch ein wenig warm. Dschildis schenkt allen Tschai nach, wenn ihre Teeschalen leer sind. Anders als hier, ist es im Süden des Landes üblich, nur eine Schale zu benutzen und sie im Kreis herumzureichen. Vielleicht war das der ältere Brauch, er ist noch reduzierter und spinnt ganz eigene Fäden zwischen den Menschen im Kreis.

Lass es dir schmecken. Es wird uns wärmen. Die Nächte in Song Köl sind kalt und klar. Auch im Sommer gefriert der Boden hier manchmal. Alle sind froh, angekommen zu sein. Das Feuer und die Suppe wärmen uns und Müdigkeit macht sich breit. Die Pferde können sich ausruhen von dem langen Ritt und die Hunde dösen vor der Jurte. In die Nacht hinein erzähle ich dir noch eine kleine Geschichte von den Steinen – vom roten Granit, von den grünen und den ganz schwarzen Steinen und wie sie geboren wurden. Ich werde einfach weitererzählen und dich in den Schlaf begleiten. So lange, bis sich meine Worte mehr und mehr in die Traumzeit hinein verlieren. Die Geschichten gleiten

weg, entziehen sich der Erinnerung, sind nicht mehr greifbar. Es ist ein Flüstern in die Nacht, ein Windhauch über deine geschlossenen Augen. Du fliegst durch Weltinnenräume, verortest Zwischenreiche, durchwanderst Länder hinter den Grenzen des Bekannten. Nicht nur im Wachzustand sind die Wege, die Entfernungen groß und gewaltig. Auch die Traumpfade sind weit und mächtig, wenn du hier in den Himmelsbergen schläfst.

Die Morgensonne erwärmt den mit Reif überzogenen Boden nur langsam. Wie gut da die Feuerwärme tut, wie heilsam die Berührung eines Körpers, von warmer Haut, von Atem ist. Tschai ist fertig und ein langer Steppentag wartet auf uns. Wir werden uns heute noch tiefer mit dem Land verbinden und die Steppe erkunden. Sie ist wie die Seele und so auch mit ihr verbunden, durch unsichtbare Fäden. Ihre Schwingungen gehen uns bis ins Innerste. Sie dringt lautlos ein und senkt ihre Wahrheit in unser Herz. Das Steppengesicht dieses Landes ist ledrig und alt. Die Steppenstille spricht, immer, unaufhörlich. Ihre Haare, die Gräser nähren die Tiere, ihre weichen Senken und Wölbungen geben Schutz. Die Steppe fließt, breitet sich aus, atmet. Sie duftet, ist weit und rund. Sie hat eine Steinhaut, eine raue Haut. Alles verliert sich in ihr. Und doch ist sie immer Heimat und alles, was in ihr ist, jedes Wesen, ist ein bedeutsamer Teil von ihr.

Auf dem Rücken der Pferde fliegen wir über die Steppe. Die Menschen hier sagen, die Pferde sind die Flügel der Nomaden. Wind und weites Land, unsere Lieder, die Kraft der Pferde, alte Leben – all das malt sich wie ein Bild in die Landschaft hinein. Artemisiaduft, der Geschmack von klarem, frischem Wasser und die Gesänge aus den Ländern des Herzens begleiten uns. Windgetragene, leichte Liebesworte schicke ich in Gedanken zu dir. Was für eine Reise, wunderbar, gewaltig in der Begegnung von Morgen- und Abendstern, von Licht und Dunkelheit, von samtschwarzer Nachtversunkenheit und goldener Tagbewegtheit. Eine Reise, deren Ende ungewiss ist, die so offen ist wie der Himmel. Shamal jagt über die Steppe, die Wolken vor sich hertreibend, sie zerstreuend und wieder ineinanderschiebend. Shamal ist allgegenwärtig, sanft und wild, unberechenbar, geheimnisvoll, mächtig und zärtlich. Shamal trocknet die Tränen, umarmt, trägt und reißt manchmal auch in den Tod. Shamal kann eine überraschende Wende in das Alltägliche bringen. Shamal singt wundervolle Lieder und lässt Wolkenschatten über die Steppe fliegen.

Die Pferde galoppieren schnell über die goldene Erde und die wilde, ungezähmte Seele jauchzt voller Lust auf Leben. Tosend, wie die Wasserfälle in den Bergen, fließt der Wunsch in die Tiefe, den ältesten und wildesten Teil des Selbst zu leben, allem Wilden und Ungezähmten in uns Raum zu geben. Möge uns diese uralte Wildniskraft begleiten und wieder in die geordneten, bebauten Regionen hineinwachsen. Wie nur die mächtigsten Steppenwinde es vermögen, nimmt es mir für einen Moment den Atem. Kraftvoll gleiten unsere Pferde über das Land, unsere Bewegungen verschmelzen miteinander, der Tanz unserer Begegnung ist voller Wunder und neuer Entdeckungen. Er ist berauschend schön. Wie sehr du mich beschenkst, wenn ich dir dabei zusehen darf, wie du deine wilde, schöne Seele lebst. Alles, was zu dir gehört, was dich ausmacht, dein einmaliges Sein, jeder Teil deines Körpers, jeder Raum in deinem Inneren, jeder Schatten, jeder deiner Träume ist mir heilig. All dem will ich Raum geben. Ich will den Raum halten für all deine Gesänge, für das Lied, das dein Weinen hat, für deine schmerzvollen Schattengesänge, für die Trauer, für die Lieder deiner Kraft und den Gesang deiner Mächtigkeit. Wenn du den Mythos deines Lebens tanzt, dann will ich den Raum für dich bereithalten, so lange, so weit, so bedingungslos wie die Weite und Größe der Steppe und des Sternenhimmels. Alles, was dich ausmacht, will ich umarmen. Mögest du dich behütet, unendlich geliebt und grenzenlos frei wissen. Längst gibt es keine Zeit mehr, andere Gesetze ordnen. Vielleicht sind Jahre vergangen, seit wir in die Steppe geritten sind, vielleicht aber auch nur ein Sommer oder ein Tag.

Nun sitzen wir wieder bei Dschildis und Áisulu, werden bekocht und umsorgt. Ich höre deinen Geschichten aufmerksam zu, folge ihnen und dabei dir. Wie kostbare Perlen sammle ich diese Geschichten, weiß mich beschenkt von dir und verneige mich vor jedem der Schritte, die du tust, um tiefer in deine Seelenländer zu gehen – vor jedem mutigen Schritt, der Türen in ein neues, unerwecktes Land öffnet. Alle Landkarten, die du bereit bist, zu verzeichnen, alle unwegsamen Gegenden, die du erkundest, sind Geschenke. Du tust es für dich und zugleich für alle anderen. Dafür danke ich dir.

Eines der Kinder beginnt zu singen. Es ist eine Aufforderung, ein Locken. Die Gedanken ziehen mit den Liedern weit weg. Lass uns den Abend, den Tag, lass uns unser Leben besingen. Deine Gesänge fädeln sich ein in das Gewebe, in die Gesänge dieses Landes, des Wassers, des Winds, des Grases. Graslandlieder. Die alten kirgisischen Lieder seien dir seltsam vertraut, sagst du. Wer weiß, wo überall du Ahnenverbindungen hast? Wohin vor langer Zeit deine Ahnen gezogen sind, woher sie kommen. Es könnte sie dieselbe Kraft bewogen haben fortzuziehen, die dich reisen lässt und hierher gebracht hat. Der Blick schweift aus der Jurte, in das Land hinein. Auf der Erde sitzen, essen, erzählen, singen. Der Wind weht mit der Glut ein Stück brennendes Papier aus dem Ofen. Das Blatt verglimmt. Vielleicht stand auf ihm das Wort, der Satz, der dich nun hier sein lässt.

Was lässt uns aufbrechen? Eine Einladung, ein Klang, ein Wort, ein Traum, Wind ... eine Reise beginnt. Warum reisen wir? Aus Neugier, aus Sehnsucht nach fernen Zielen, um das Leben zu bestaunen und kennenzulernen, um uns zu erweitern um all diese Eindrücke und Geschichten, um von anderen Menschen und Kulturen zu lernen, um uns an das zu erinnern, was wir wirklich sind, woher wir kommen, was wir verloren haben, was wir einmal wussten. Um uns zu vervielfachen. Es ist die Lust, sich selbst in neuen Zusammenhängen zu erleben. Manchmal lässt uns die Liebe aufbrechen – die Verbundenheit mit diesem wundervollen Planeten, den wir mit all seinen Facetten erfahren, kosten möchten. Es gibt so viele Gründe. Sie lassen uns aufbrechen, ermutigen uns, das Vertraute zu verlassen und etwas zu wagen. In der Begegnung mit dem Fremden sind wir gefordert, unseren Geist und unser Herz immer wieder weit und offen zu machen. Die Völkerwanderungen, das Nomadische, die Reisewege – all das gehört zur Menschheitsgeschichte. Und etwas von diesem Erbe will gelebt werden: wandern,

unterwegs sein, in Bewegung sein, Altes verlassen, Neuem begegnen, die Bilder mit nach Hause bringen. Du bist jetzt hier in Zentralasien, um eine lebendige Verbindung zu der Weite herzustellen und sie tief in dein Leben hinein zu atmen, sie in deine Welt zu integrieren. Du bist allein gekommen, um dich all dem Neuen ganz zuwenden zu können und vielleicht, um in eine tiefe Liebesbeziehung mit mir zu gehen. Vielleicht gibt es so etwas wie ein Urwissen darüber, dass das Leben selbst eine Reise ist. Eine Reise zu dem innersten und heiligsten Feuer, an dem alles vereint ist.

Àisulu und Nursat werden dich jetzt zu einer Heilerin, einer Bübü, bringen. Bei deiner Ankunft hast du mit der Kraft deiner Gedanken die Wölfe vorausgeschickt und einen Ruf ins Land ausgesandt, weil du etwas von der alten Heilkraft der Menschen hier erfahren wolltest. Das ist nicht einfach, denn das alte Wissen liegt unter vielen Schichten verborgen. Dennoch wurde dein Ruf gehört. Du bist hierher geführt worden, weil es in dem großen Gewebe einen Faden gibt zu der Heilkraft des Landes, auf dem du tanzen sollst. Die Bübü erwartet dich, sie ist bereit, mit dir zu sprechen. Du fragst, was du ihr mitbringen kannst. Sie wird nichts verlangen, das war schon immer so Brauch. Sie wird sich freuen über das gestickte Tuch aus deinem Land, das du als Geschenk mitgebracht hast. Das ist aber nicht alles. Vielleicht kannst du ihr als Geschenk auch deine Heilkraft zeigen, vielleicht wird etwas berührt, was wir hier erinnern wollen. Schenk ihr deine Einzigartigkeit, deine Offenheit und das Wissen von deiner Welt.

Lange reiten wir zur Bübü. Sie erwartet uns schon. Alt ist sie, voller Würde und Anmut. Sie wird ihr Wissen mit dir teilen, dir zeigen, wie sie heilt, wie sie Krankheiten aus dem Körper zieht. Ihr fein geschnittenes Gesicht mit den seltenen blauen Augen ist das einer alten Steppenreiterin – eines, aus dem dir das Blau der Skythenvölker entgegenfunkelt. Sie nimmt ihr großes Messer und berührt dreimal Kopf, Herz, Knie und Fußsohlen. Mit sieben Brotteilchen in ihrer Hand streift sie den Körper des Kranken ab und gibt diese dann einem Hund. Dabei ruft sie Umai-ene an, die Großmuttergöttin, die Beschützerin der Kirgisen. „Umai-ene kol do sun. Umai-ene schütze uns. Es sind nicht meine Hände, sondern Umai-enes Hände.“ Die Bübü lässt dich mit deinen inneren Augen ihren Händen folgen, lässt dich hineinsinken in die Gebete, die die Heilarbeit begleiten. Ihre Hände berühren Erinnerungen und ihre Worte öffnen Türen zu altem Heilwissen. Sie ist Kanal, sie stellt sich zur Verfügung und gewährt Kräften, die unendlich mächtiger sind als sie, durch sie als Mittlerin zu wirken. Sie gibt dir die Erlaubnis, so weit und tief mitzuschwingen, wie du kannst und es willst. Die Zeit hebt sich auf. Das Ritual ist kurz und auf das Wesentliche reduziert. Schon ordnet sie alles und bereitet sich für die Weissagungen vor.

Wenn wir eine Antwort auf dringende Fragen, ein Orakel brauchen,

dann gehen wir zu denen, die die Gabe des Wahrsagens, der Sichtigkeit haben, zu den Kös Atschik. Ihr Name sagt es schon, „kös" ist das Auge und „atschik" heißt offen. Meist geben aber auch die Bübüs Antworten. Wenn jetzt jemand eine Frage hat, kann sie gestellt werden. Die Bübü wird ihr Orakel werfen. Ein Sattel ist verloren gegangen, danach wird sie vorher noch fragen. Es ist nicht klar, ob er gestohlen wurde oder ob das Pferd ihn verloren hat, als es davonlief. Die Bübü nimmt ein Filztuch, wickelt einundvierzig kleine Steine aus und beginnt Haufen aus ihnen zu bilden, immer wieder aufs Neue, zählt sie ab und gruppiert sie, bis Reihen von Steinen vor ihr liegen. „Der Sattel kann gefunden werden, aber es dauert und ist mühsam." Ihre Antwort ist kurz dieses Mal. „Und jetzt du. Was willst du wissen?", fragt sie. Ihre feingliedrigen Hände mit den Silberringen warten. Durch die einundvierzig Steine wird sich ihr die Antwort zeigen. Einundvierzig, eine besondere Zahl. Schon einmal auf unserer Reise sind wir der Einundvierzig begegnet. Es sind die Tschiltanreiterinnen. Als du für Shamal gesungen hast, sind sie übers Land geflogen – einundvierzig wilde, junge Reiterinnen. Im Sturm hast du sie gespürt, ohne sie benennen zu können. Du hast sie wahrgenommen, ohne ihr Wesen zu begreifen. Jetzt sind sie da, jetzt erfährst du mehr von ihnen, jetzt bekommt das Gespürte einen Namen. Sie verstreuen Heilkraft wie Sternenstaub, der die Nächte durchlichtet, treiben die Energien durchs Feuer, heben sie in die Lüfte und schleudern sie in die Wirbelwinde. Die usbekischen Schamaninnen sind mit diesen jungen, feurigen Himmelsreiterinnen und alten Heilerinnen verbunden. Sie haben ihre Kraft im Aufwallen von Shamal gezeigt, als sich die Windböen vervielfacht haben. Wenn die Schamaninnen Usbekistans mit ihnen arbeiten, bestreichen sie ihre Trommeln mit Blut, um sie zu rufen. Weiß und Rot flirren durch die Luft. Die Tschiltanreiterinnen trinken das Blut und legen einen Energieball in die Mitte des Raums. Die Bübü befühlt ihre Steine. „Stell deine Frage." Wieder bildet sie die Reihen, murmelt vor sich hin, lässt Zeit verstreichen. Dann schaut sie auf. Mit großer Aufmerksamkeit wandert ihr Blick über dein Gesicht. „Du weißt es doch schon. Du hast dich schon entschieden." Ihr Blick gleitet über die Steinreihen. „Es wird eine gesegnete Reise sein, die Wege stehen dir offen. Und die Frage, die du eben gestellt hast … es wird sich alles zum Guten fügen. Etwas wird sich wandeln, es ist eine Tür zu Wachstum. Tief in dir öffnet sich etwas ganz dem Leben. Und dabei wirst du deine Wirklichkeit lieben lernen. Du hast dich auf eine Reise, in eine Liebesgeschichte hineinbegeben, du liest weiter, du hörst mir zu. Vielleicht verstehst du noch nicht wirklich, was ich dir sagen will. Die Geschichte, die du kostest, ist eine Geschichte über das

Leben, und das Leben trägt dein Gesicht.“ Es ist still. Die Augen der Bübü wenden sich zum Feuer. Sie nimmt die Steine, wickelt sie wieder in das Filztuch, und nach einer letzten Schale Tschai ist es an der Zeit zu gehen.

Der Weg zurück ins Jurtenlager ist mühelos, ganz leicht. Die Pferde haben in der Zwischenzeit geweidet, sie sind ausgeruht und ruhig. Wir sind zu Hause im Schweigen, das kennen alle Reitervölker. Wenn wir stundenlang durch die Steppe reiten, schweigen wir miteinander. Ich spreche nun anders mit dir – Blicke voller Zärtlichkeit, die dich umflügeln, gemeinsames Horchen in die Windweite, Berührungen, wenn unsere Pferde nah nebeneinander gehen. Wir brauchen keine Worte mehr.

Bei den Jurten angekommen, ruft uns Dschildis. Es gibt ein Báta für Sherbed, sie wird umziehen. Báta gibt es zu besonderen Gelegenheiten, vor einer Hochzeit, bei einem Umzug oder wenn ein Kind zur Welt kommt. Dann sitzen die Menschen zusammen, trinken, essen und alle geben gute Wünsche mit auf den Weg. Wärme spricht durch ihre Worte. Es sind meist einfache und tiefe Wünsche. Dschildis, die Gastgeberin, hat Plov gemacht, ein Festessen aus Reis, Gemüse und Fleisch. Es kommt ursprünglich von den Usbeken. Süßes und Kymys ist zubereitet und Menschen treffen in der Jurte ein. Alle Gedanken richten sich auf Sherbed. Alle öffnen ihre Herzen und sprechen ihre Segenswünsche über den reich gedeckten Tisch. Möge sie glücklich sein. Möge ihr und ihrer Familie ein friedvolles Leben beschert sein. Mögen sie voller Vertrauen durch alle Stürme gehen. Mögen die Geister ihre Wege wohlwollend begleiten. Gute Wege, den richtigen Platz für sie, Wohlstand und Gesundheit ... An alles wird gedacht. Nach jedem ausgesprochenen Wunsch trinken wir einander zu. Unsere Freude, das Feiern, nährt das, was wir ihr wünschen, auf allen Ebenen. Wenn wir beim Báta das Leben feiern und ehren, geht damit der Wunsch einher, dass all das dem bevorstehenden Ereignis segensreich zufließen möge. Lange sitzen wir beisammen und erzählen noch Geschichten von Sherbed, als sie schon längst fort ist, um alles für den Umzug zu richten.

Irgendwann werden wieder die Pferde gesattelt und bepackt, es wird Abschied genommen und ein Dank ausgesprochen. Dann Gebete zu Beginn einer Reise, um ihre Besonderheit anzuerkennen, sich bewusst zu machen, dass der Aufbruch eine Veränderung bringt – Gefahren, Abschied, Neues. Tagelang reiten wir durch einsame Bergregionen, in die Gebirgstaiga hinein, in Richtung Džeti-Ogüz. Viele Nomadenfamilien verbringen hier ihren Sommer, umgeben von den hohen Tien Shan-Fichten, den steilen Felswänden, am grünen Flusstal. Geschäftigkeit liegt in der Luft. Wasser holen, Feuerholz zerkleinern, lange benutzte Handtücher waschen, die Hühner aus der Jurte scheuchen, einen verlorenen Kinderschuh suchen ... Es gibt eine schnelle, herzliche Begrüßung und Bewirtung inmitten all der Umtriebigkeit, und dann will wieder einiges getan werden.
Eine neue Jurte ist aufgebaut. Bermet sagt, wir sollen in die Berge gehen und ihr Ardscha, Wacholder, bringen. Sie hat keinen Ardscha mehr und will die Jurte räuchern. Immer wenn die Jurten oder ein neues Haus stehen, wird geräuchert. Komm, lass uns in die Berge gehen. Es ist ein guter Auftrag, ich freue mich, mit dir hinaufzusteigen, in die Stille, in das Wind-Reich. Immer kleiner werden die Jurten, sie werden zu weiß-grauen Punkten in der mächtigen Bergwelt. Gedanken fliegen in den blauen Himmel. Ja, wir sind Gäste hier und wir wis-

sen nicht, wie lange wir willkommen sind. Wie weit ist es möglich, das Leben anzunehmen, wenn nichts mehr beschönigt wird? Ohne dabei hart zu werden? Eine einfache Antwort wird es nicht geben. Vielleicht ist sie aber auch so einfach und deshalb nicht leicht zu erkennen.

Wir sind hoch gestiegen, die Felsen brechen steil ab. Ich muss es dich fragen, weil wir schon so weit gegangen sind miteinander. Bist du dir der Falltiefe bewusst? Ich frage das, weil vieles in deinem Land darauf ausgerichtet ist, sich darüber nicht bewusst sein zu wollen, nicht spüren zu wollen, wie fragil das Lebensgefüge doch ist. Das ist ein Unterschied. Hier ist es gar nicht möglich, diesen Teil nicht anzuschauen. Die Mächte und Kräfte der uns umgebenden Natur lehren es uns – unausweichlich, zwingend, jeden Tag aufs Neue.

Wenn ich zurückkehren würde und den anderen mitteilen müsste, dass du verunglückt bist, dann würden sie mich in meinem Schmerz begleiten. In der Trauerzeit geben die Menschen hier einander Halt, sie geben ihrem Schmerz Raum. Dieser Raum ist groß und geborgen. Es ist die einzige Möglichkeit, die wir haben, um diesen Teil des Lebens wirklich anzunehmen. So können wir uns irgendwann wieder öffnen, uns noch durch Tränen zulächeln, weitergehen, lachen und uns all dem Neuen, das gelebt werden, das wachsen will, wieder zuwenden.

Solche Gedanken kommen hier in der Stille der Bergwelt. Irgendwann wirst du gehen und nicht mehr mit mir verbunden sein. Ich werde dich ziehen lassen. So wie die Wolken, die Sommer, die Flüsse, die Flötentöne. Ich werde dich nicht halten können, so wenig, wie ich einen Regenbogen greifen kann. Du sollst wissen, dass dein Gehen meinen Segen hat. Einen Segen, der dich umhüllt und begleitet, ganz gleich wohin der Ruf dich führt und unabhängig davon, ob es mein Weg ist, ob ich es verstehe oder nicht. Während tausend Gedanken in die Wolken fliegen, schneiden wir Ardscha. Wir folgen einander, betrachten unsere Hände, bestaunen unsere unterschiedlichen Gesichtszüge, gehen mit den Bewegungen mit wie im Tanz, schauen in Augen aus alter Zeit. Murmeltiere beobachten uns. Ihr hohes Pfeifen ruft uns zurück. Bermet wartet auf uns. Wie kraftvoll, wie samten deine Hand in meiner liegt. Lass uns die Hänge hinunterlaufen. Zärtlich singt sich all das her, was gelebt werden will. Der Duft von Ardscha ist würzig, ist wild und weise.

Auch wenn ich es gerne möchte, ich werde dir nie ganz zeigen können, wer ich bin. Ein Stück weit werde ich für dich ein Geheimnis bleiben. Aber ich will mit dir reisen, will in der Umarmung von Licht und Finsternis ein neues Lied mit dir gebären. Ich will mit dir bis an alle Grenzen gehen – und weit darüber hinaus. Ungelebtes Land will

ich mit dir erblühen lassen. Wenn du mit mir weiterreist, dann ist es mir wichtig, dass du weißt, dass wir über gefährliche Gebirgspässe ziehen und in die entlegensten Gegenden reiten werden. Unsere Wege werden durch die einsamsten und dunkelsten Täler und so weit hoch hinauf führen, dass die Adler uns berühren. Wir haben schon einmal darüber gesprochen, dass es nicht ungefährlich ist, mit mir zu sein. Es könnte dich dein Leben kosten. Nicht, dass ich es in der Hand hätte und so wollte, sondern weil es Teil des Ganzen ist. Und außer meiner Liebe kann ich dir keine Sicherheit geben. Du hast alle Zeit der Welt, um dich zu entscheiden. Es ist eine Entscheidung, die der gleicht, ins Leben zu kommen. Wenn du allerdings einen bestimmten Punkt überschritten hast, wenn du dich eingelassen hast auf diese Reise, mit diesem letzten Ja, dann können wir es nicht mehr rückgängig machen. Wann dieser Punkt erreicht ist, das ist ungewiss. Wir werden es wissen, wenn es soweit ist, und dann ist es bereits geschehen.
Ich wandere mit dir über grüne Wiesen hinauf zur Baumgrenze, die hier dreitausend Meter hoch liegt, hin zu Felsen und Eis. Es ist ein Weg zurück ins Ausgeliefertsein, hin zu den Kräften und Mächten, die alles zermalmen können. Dort oben in den Höhen besingen wir den Raum und die Offenheit, der es bedarf, um das Leben in seiner Wechselhaftigkeit anzunehmen. Und dann werden wir von der Wirk-

lichkeit selbst aufgefangen, die in allem Türen zum Wachstum öffnet. Dann fangen wir an, dem Strom zu folgen, mit dem Fluss zu singen, kampflos mitzugehen, alles freizugeben. Wenn du deinen Atem freigibst, deine Stimme, deine Töne, verweben sich unsere Stimmen sanft und mächtig miteinander. Sie werden getragen von den ewig gültigen Gesetzen des Herzens. Ich widme meine Gesänge der Kraft in dir und der Liebe. Wir singen Regenbögen über das Land, besingen die Nähe, die jede Beengung auflöst, das Einander-Geben, das jenseits aller Erwartungen liegt, wir besingen all die Zärtlichkeiten, die keine Absicht kennen. Wenn sich diese Liebe mit ihrem Zauber weit über das Land singt, lässt sie alles erblühen – Orchideen und Enzian, Astra, den zarten gelben Mohn, Edelweiß, Rittersporn, Federgräser ... Sie wehen im Wind wie Gebete an das Leben. Jedes ist anders und jedes ist schön und einzigartig.

Manchmal, wenn die alte Angst vor dem Widerhall dieser mächtigen Liebeslieder spürbar wird, trägt der Wind einen Segen zu uns. Eine Feder fällt zu Boden, tanzt und bringt uns die Behutsamkeit und den leichten Sinn. Wenn sich Spätsommerlieder mit Abendrotstrahlen vermischen, werden wir wieder über die Wiesen hinuntergehen. Fein schwingt die Begegnung unserer Stimmen nach. Und das Edelweiß am Boden bekommt einen ganz besonderen, eurasischen Ver-

bindungsfaden. Es erzählt von seinem Mutterland, dem Altai. Dort ist seine ursprüngliche Heimat, dort ist die Heimat der Kirgisen. Du schmunzelst. Das Edelweiß begleitet uns auf unserer Reise, es ist vor langer Zeit in dein Land gewandert und ist dir so vertraut wie den Menschen hier. Vielleicht ist es ein Wahrzeichen der Bergvölker – und es trägt den Altaigeist in die Welt.
Die neue Jurte steht. Kolomto, die Feuerstelle, ist zum ersten Mal entzündet. Den ersten Löffel des Essens gibt Bermet an die Feuergöttin, an Umai-ene. Möge die Jurte beschützt sein, Umai-enes Segen. Möge alles gelingen. Ardscha brennt, der Rauch entfaltet seinen Duft und seine Wirkkraft. Die Jurte nimmt uns alle auf und umhüllt uns mit ihren Filzen. Der Boden ist mit neuen, leuchtenden Filzen, den Schyrdaks und Ala Kyjys ausgelegt. Erst vor wenigen Wochen wurden sie von der Dorfgemeinschaft hergestellt. Die zweifarbigen Schyrdaks mit ihren symmetrischen Ornamenten, die bunten Ala Kyjys mit den leicht verschwommenen Mustern. Alle riechen noch ganz frisch nach den Tieren und ihrer Wolle. Bermet erzählt, wie sie die großen Jurtenfilze in Federgrasmatten rollen und walken, wie viele Stunden sie für ein Teil arbeiten, bis die Fasern schließlich zu einem dicken, schönen Teppich verfilzt sind.
Es ist Abend und alle sitzen um den Tisch. Das Essen ist gerichtet. Ein

Gebet, die Freude auf das reiche Mahl, der Hunger, den das Schaffen und die Höhe mit sich bringen. Das Sein hier hat eine gesunde Würze. Es ist einfach, vereinfacht, und es ist reich und voller Sinn für den Wert des Lebens mit seinen natürlichen Rhythmen. Bermet fängt an zu erzählen, weil sie weiß, dass dich diese Geschichten interessieren. Sie kommt darauf zu sprechen, wie wichtig die Mondzyklen sind. Kurz nach der Dunkelmondin wird für den neuen Zyklus gebetet, dafür, dass alles gut gedeiht und heilsam ist. „Wir leben mit der Mondin, sie gibt uns alles vor. Im nomadischen Leben wird der Kalender von den Sternen bestimmt. Die Namen, hör mal ...“, Bermet schaut zum Jurtendach. „Dschalgankuran, die Zeit der Hirschkuh im Februar oder Ayak oona im August. Das ist das Ende der Bergziegenzeit. Die Namen der Monate haben mit den Tieren und der Jagd zu tun, und in alter Zeit waren sie mit den Sternen verbunden, wie Uchtyn aiy oder Birdin aiy. Das sind Zeitpunkte besonderer Planetenkonstellationen, die so vieles im Leben bestimmen. Auch das Reisen richtet sich nach den Sternen.“ Bermet überlegt. „In drei Tagen wäre ein günstiger Zeitpunkt, um aufzubrechen. Dann sind die Plejaden und die Mondin richtungsweisend.“ Auch wir werden, wie schon so viele vor uns, mit den Sternen reisen. „Schau“, sie holt uns nach draußen. „Hier ist Altyn Kasyk, der Polarstern.“ Sie deutet in den funkelnden Nacht-

himmel. „Da ist die Milchstraße, da die zunehmende Mondin. Zu all den Wesenheiten des Universums gibt es Verbindungen. Wenn Sirius am Himmel erscheint, kommen die Fröste. Die Plejaden geben uns Botschaften über das, was uns das Jahr bringt. Mit ihrer Hilfe können wir den kommenden Schnee voraussagen und auch mit welchen Umständen wir zu rechnen haben. Das hat eine große Bedeutung für uns und die Herden. Ot, das Feuer, war den Alten heilig, ebenso wie die Mondin, Ai, und die Steine. All das sind unsere schamanischen Wurzeln.“ Dscherkanbek, Bermets Bruder, erzählt uns von den Tier- und Schutzgottheiten, von Senghi-Áta, der Kuhgottheit, von Tschetschang-Áta, der Ziegengottheit, und von jener der Pferde, Kambar-Áta. Tscholpon-Áta schützt die Schafe, Oisul-Áta die Kamele und

Baabedin ist eine Schutzgottheit für Tiere und Menschen. Bilder gibt es dafür keine, wie so oft. Auch von Umai-ene gibt es keine Bilder, nur ein Zeichen, das sich auf vielen Schyrdaks und Stoffen findet.
Bermet zeigt uns einen Fünfzig-Som-Schein. „Schau", sagt sie, „Das ist Kurmanshan Datka, die Revolutionärin. Sie hat die Kirgisen vor den Feinden geschützt. Und sie hat ein Denkmal in der Hauptstadt. Wenn die Frau von der Nachbarfamilie ihre Kopfbedeckung trägt, sieht sie aus wie Kurmanshan Datka. Es ist gut, so eine Beschützerin in der Nähe zu haben." Wir albern herum und lachen uns in die Nacht hinein. Die Kinder schlafen auf Fellen neben uns, während sich unsere Geschichten und das Lachen wie eine Decke wärmend über sie legen.

Ein paar Tage später ist eines der Kinder krank. Eine Bübü wird geholt. Du kannst dabeibleiben und zusehen. Der kleine Nurbolot kennt sie, für ihn hat die Bübü schon oft Schutz- und Segenssprüche gemacht, hat Umai-ene angerufen. Einmal hatte er beim Einschlafen ein ziemlich schmutziges Gesicht. Morgens war es sauber. „Das war Umai-ene“, hat die Bübü gesagt. Sie spricht leise mit dem Jungen, lacht, streicht ihm über die Haare. Dann holt sie eine Tasse, füllt sie mit Asche vom Ofen, wickelt das Ganze in ein Tuch und klopft damit alle Körperteile des Kindes ab. „Menem kolem emes umai-ene enem din. Nicht meine Hände, sondern Umai-enes Hände sind es.“ Die Bübü nimmt die Krankheit mit, verlässt die Jurte, wirft die Asche weg und stellt die Tasse verkehrt herum neben die Jurtentür. Nurbolot wird bald wieder gesund sein.

Bermet, seine Mutter, erzählt, dass die Bübü im letzten Sommer kam, als er hohes Fieber hatte. Alle waren sehr besorgt, denn nichts half mehr. Die Babuschka, seine Großmutter, hat schließlich die Entscheidung getroffen, nach der Bübü zu schicken. Diese hat eine Zange im Feuer zum Glühen gebracht, Wasser in den Mund genommen und es auf die heiße Zange gespuckt. Spuckend rief sie Umai-ene an, dass die Krankheit weggehen solle, dass Umai-enes Hände heilen mögen. Es zischte und dampfte, und das Fieber wurde gekühlt. Schnell hielt sie die Zange zu Nurbolot hin, der Dampf berührte ihn und in dem Augenblick schien etwas Mächtiges da zu sein, das das Fieber aus seinem Körper zog.

Wir trinken Tschai mit der Bübü. Sie ist guter Dinge. „Ich habe schon so viele Kinder geheilt, dies hier ist nichts Schlimmes. Manchmal bin ich als Emtschi gefragt, als Hebamme, aber das kommt nicht so oft vor. Es gibt eine sehr gute Emtschi in der Nähe, eine junge, die das Wissen und die Hände einer ganz Alten hat. Das muss sie aus einer anderen Zeit mitgebracht haben.“ Die Bübü sieht uns lange an. „Es gefällt mir, Liebende zu sehen, sie zu bestaunen. Dann spüre ich etwas von Umai-ene im Raum schwingen.“

Jemand bringt ein Pferd zur Jurte. Die Bübü wird zurückreiten. Bermet gibt ihr Geschenke mit. Alles geht schnell, als würde sie sich in Bewegung auflösen. Kräuterduft bleibt in der Jurte zurück, Stille, ein warmes Licht.

Ich nehme dich in meinen Arm. Dein Haar riecht rauchig und dein Körper ist wie ein ruhiges Winterfeuer. Ich tauche ein in die Wellen deines Atems. Alles loslassen, abgeben, gehalten sein, ganz bei sich sein und ganz miteinander.

In die Gesundung Nurbolots hinein eilt die Nachricht vom Tod Ramiras wie im Flug zu den umliegenden Nomadenfamilien. In einem gesegneten Alter ist sie über die Schwelle gegangen. Sie wird Dschailoo nicht mehr lebend verlassen. Im hohen Alter, als die ersten Zeichen des Herbstes kamen, ist sie in die untergehende Sonne hineingegangen, still und friedlich. Den Frieden, Mir, hat Ramira ein Leben lang in ihrem Namen getragen.

Die Frauen beginnen, ihren Tod mit klagenden Gedichten zu beweinen. Koschok, die Klagelieder, erfüllen die Jurte und geben Raum für Trauer, für Zwiesprache, für Abschied. Es sind die Frauen, die für die Verstorbenen eigene Lieder erschaffen. Ramira ist in den Westen hinein gestorben, in die untergehende Sonne. Shirin und Aisat, ihre Töchter, singen die Klagelieder nach Osten, hin zur aufgehenden Sonne. Tränen fließen mit den weißen Flüssen ins Tal. „Wo ist deine goldene Seele? Wo werden wir dich wiederfinden? Wohin geht deine Reise? Von den Bergen weht ein kalter Wind. Dein Ehrenplatz in der Jurte ist leer und diese Leere macht sich in unseren Herzen breit. Wir werden dich vermissen. Deine Schönheit, deine Wärme, deine Träume sind in andere Welten gegangen. Du hast uns viele Schätze hinterlassen. Wir werden dein Vermächtnis hüten und weitergeben. Zu deinen kostbaren bunten Decken werden wir unsere dazulegen. Wir haben mit

dir zusammengesessen, sternförmig, apfelblütengleich – über so viele Jahre hinweg. Immer warst du uns Beraterin, Begleiterin, hast du uns genährt und in die Nacht gesungen. Du bist müde geworden. Ruhig schläfst du nun an der Schwelle. Mögest du eine gute Reise haben. Du bleibst in unserem Herzen. Unser Dank und unsere Liebe begleiten dich.“ Das Tal hallt wider, ist voller Klagelieder. Ramiras Leben wird besungen, gepriesen, gewürdigt. Lange wird sie verabschiedet. Irgendwann ist sie ganz gegangen. Koschok verklingt und das alltägliche Leben wird wieder aufgenommen.

Lass uns weiterziehen, hinunter zum Isyk-Köl, in die Winterlager der Nomaden. Kümüschai, Talant und ihre Familie wissen schon, dass wir kommen. Das Land ist so weit und endlos, unser Blick geht in das Blau des Himmels, schweift über das Ocker, Braun und Grün. Wüstensandfarben, silbrige Seenfarben, grau, manchmal auch ein warmes Rot. Weil alles so weit ist, wirken die Farben monoton und ruhig. Umso bunter, lebendiger sind die Jurten, die Kleidung, die Decken und Truhen. Farbenpracht, blumenwiesenbunt und Sommervielfalt laden ein. Es ist ein Tanz von Blau und Violett, von Türkis mit Rosa und Goldgelb, von feurigem Rot mit sattem Grün. Die gewebten Bänder, die Filze und Stickereien, alles blüht und leuchtet. Strahlende Farben umgeben uns, bunte Tupfer in der ruhigen Schattierung der Steppe. Samt in unzähligen Varianten, prächtig bestickt, Gewänder, die wärmen und schmücken, an deren Farben und Formen sich die Clanzugehörigkeit ablesen lässt. All das unterstreicht die Besonderheit der Menschen. So wie alles, was sie besitzen, ist auch ihre Kleidung auf das nomadische Leben ausgerichtet. Sie muss wärmen und schützen, muss etwas aushalten und praktisch sein. Bestickte Lederstiefel, Samtmäntel, Fellmützen, Filzhüte und Turbane, kostbarer Silberschmuck, bunte Kleider und Röcke, alles verleiht den Menschen zu all dem Nützlichen eine Einzigartigkeit und dem Leben Festlichkeit. Die alten Frauen, gekleidet in weinroten Samt, mit vielfarbigen Stofftüchern, die übersät sind mit feinsten Ornamenten, Blumenranken, kirgisischen Zeichen, strahlen die Erhabenheit der Ältesten aus. Das Alter hat wundervolle Gesichter, besitzt Tiefe und Weite. Es zeigt sich in seiner ganzen Schönheit und kleidet sich ebenso. Alles hier ist dafür da, um sich der Kostbarkeit des Lebens bewusst zu werden und das Dasein in seiner ganzen Würde und Besonderheit zu begreifen. Beim ersten Schritt in die Jurte tut sich ein Fest für die Augen auf – so vielfältig und farbig, so reich und aufwendig. Die Jurte leuchtet von innen wie ein Gebet an die Fülle des Lebens, wie ein Sichtbarmachen von Schönheit, Reichtum, Vielfalt.

Kümüschai bringt die verschiedensten Marmeladen, Varényas, in die Jurte. Sie schmecken köstlich zum Fladenbrot und zu Smetána, der

dicken Sahne, die fast wie Butter ist. Kümüschai stellt Kurút dazu, weil sie schon weiß, wie gerne du die weißen Quarkbällchen mit dem salzigen Geschmack magst. Sie ähneln ein wenig dem getrockneten Käse, Sirr. Sie freut sich, dass es dir so gut schmeckt. Airan, Joghurt, ist frisch gemacht. Heute gibt es Lagmán, ein Nudelgericht mit Fleisch und Gemüse. Wir sprechen einen Dank an die Gastgeberin aus, bevor wir zu essen beginnen und einen Dank an die Erde, die Elemente, an alles, was uns hier sein lässt, was uns nährt und wärmt.

Der kleine Chutman kommt aufgeregt in die Jurte gerannt. In der Nachbarfamilie wird ein Baby erwartet. Chutmans Mutter, Gülsary, lässt nach Kalbübü rufen, der Tante Kümüschais. Sie ist eine der älteren Frauen und hat schon viele Kinder auf die Welt kommen sehen. Freudige Aufregung macht sich breit. Welch ein Wunder können wir bezeugen, wenn ein kleines Wesen auf die Erde kommt. Es wird einen nur ihm gehörenden Platz haben, so wie alle hier ihren Platz haben, bedeutsam und kostbar. Doch wie schwer fällt es oft, daran zu glauben. Wenn ich dir sage, dass du einzigartig und wundervoll bist, einfach unersetzlich, dass es eine Strophe des großen Universumsliedes gibt, die nur du in die Welt bringen kannst und die alles bereichert, dann könnte es sein, dass du in manchen Augenblicken zweifelst. Als du auf die Welt kamst, so wie das kleine Wesen, das bald geboren wird, gab es etwas, das gesagt hat: „Wie schön, dass du gekommen bist, dass du da bist, dass es dich gibt.“ Und die Freude hat Flügel bekommen in diesem Moment. Sie hat dich gewiegt und besungen, sie hat in die Sternenweite gelacht und dich eingehüllt, sie hat dich umflügelt mit ihren Schwingen und ihre Kraft in dein Herz gelegt.

Es ist bald soweit. In der Jurtenmitte wird eine lange Stange aufgestellt. Sie symbolisiert den Weltenbaum, den kosmischen Baum. Kalbübü ist in die Nachbarjurte geeilt. Sie wird als Hebamme helfen. Sie ist die Kindik-ene, ist Mutter Nabel. Ältere Frauen werden gerufen, wenn es schnell geht und keine Hebamme erreichbar ist. Geheimnisvoll und aufregend ist es um die Jurte. Alle scheinen einen magischen Raum zu halten, den Weg des Kindes und seiner Mutter auf anderen Ebenen begleitend. Die Wehen haben heftig eingesetzt. Jetzt hält Gülsary die Stange, bindet sich an den kosmischen Baum, an die Kräfte an, holt sich die Unterstützung aus allen Welten. Sie verbindet sich mit den Spirits, letztendlich mit Umai-ene. Sie wird ihr Kind im Knien gebären. Mutter Nabel wird nun zur Verkörperung von Umai-ene. Sie hilft Gülsary, ist die mächtige Schützerin von Mutter und Kind. „Komm zu uns, wir erwarten dich, wir fangen dich auf.“ Sie scheint mit der Kraft der Meere in den Geburtskanal zu gehen. Leises Summen ertönt in der Jurte. „Lass dich tragen kleines Wesen, von Welle zu Welle.“ Die Hände der Kindik-ene sind zugleich die Hände der großen Mutter. Sicher bringen sie das Kind durch die Wasser, durch das Tor in die Welt. Stille. Dann ein warmes Lachen und die Stimme des Kindes. Mairam ist auf die Welt gekommen, eine kleine Ahnfrau. Eine der Frauen, die geholfen haben, kommt aus der Jurte. In ihrem Gesicht ist ein Strahlen zu sehen, das tief berührt. Einen Mörser in der Hand, umrundet sie die Jurte. „Tschuischtuiby? Tschuischtuiby? Ist ein Kind geboren? Ist ein Kind geboren?“ Sie klopft mit dem Mörser auf den Boden. Mit diesem alten, magischen Ritual wirft sie die schlechten Energien hinaus.

Lachen und leichte, freie Klänge fliegen über das Land. Der Morgenstern kündet von der Geburt eines neuen Erdenkindes. Gute Wünsche werden den Winden übergeben, ein Fest wird vorbereitet. Es hat den Namen „Mairam“ bekommen, „Fest“. Möge ihr Leben ein Fest sein. Möge sie dies in ihrem tiefsten Inneren immer wissen. Möge sie sich die Erlaubnis geben, mit dem Leben zu tanzen und es zu lieben. Möge sie das Leben und sich selbst feiern. Möge die kleine Mairam all ihre

Wege in der Sicherheit gehen, Geliebte des Lebens zu sein. Während wir alle gute Wünsche für sie weben, umarme ich dich und nehme deine zartesten Landstriche in meine Obhut. Alle die Wünsche für Mairam flüstere ich auch dir zu. Geborgen in diesem Augenblick halte ich dich im Arm, gewärmt vom Steppenhimmelsleuchten.

Die Jurtentür steht nun offen und Mairam wird von allen bestaunt. Sie ist ein Kind des Südens, ein Kind des Sommers. Sie ist in eine Zeit hineingeboren, in der die Herden prächtig gedeihen, in der alles da ist in Hülle und Fülle. In der Nähe des Herdes wird ihre Nabelschnur, eines der Symbole Umai-enes, vergraben. Sie gehört wie Pfeil und Bogen, wie bronzene Knöpfe, Muscheln, die Spindel oder Schafsknochen zur Großmuttergöttin. Früher sagten die Menschen zur Plazenta „Umai-ene“, wie auch zur Feuerstelle und deren Spirits.

So wie Mairam heute werden wir alle jeden Tag neu geboren, und jeden Tag erklingt ein neues Willkommenslied und die Freude besingt unser Hiersein. Kümüschai bringt ganz besonderen Tschai. „Trinkt

diese Blumen, träumt den Sommer, für Mairam“, sagt sie und schaut uns dabei lange an. Wenige Tage nur können wir hierbleiben. Die Winde rufen und Nursat bringt die Tiere. Auf dem Pferderücken schwingt das Glück in mir nach und mein Herz jubelt.

Meine Liebe zu dir ist grenzenlos. Mögen all die Orte und Begegnungen, zu denen ich dich begleiten darf, die unzähligen Facetten deines Wesens aufleuchten lassen. Ein tiefer Seelenfrieden ist in mir, wenn ich dich auf deine ganz eigene Weise leben sehe, wenn ich dir zuschaue, wie du frei und lustvoll deinen Weg gehst und ihm vertraust. Wild geritten, kühn die Berge bestiegen, miteinander die Wirklichkeit ertanzt, neue Länder besungen, gelacht und uns in die Dunkelheit hinein gehalten. Ich verbeuge mich vor allen Spuren deines Alters, vor den Wegen, die du schon gegangen bist, und den Zeichen, die sie hinterlassen haben. Jede Narbe, jedes dieser Zeichen auf deiner Haut, in deinem Körper, sind heilige Spuren deines Lebens, die meine Liebe zu dir noch tiefer werden lassen. Die mit dir geteilten Worte sind so wertvoll wie das Schweigen, wenn wir die Stille als Verbündete ein-

laden auf unserem Weg durch die Nacht. Feuerknistern und der Atem Shamals, das Rauschen des Flusses, sonst ist nichts mehr zu hören. Dann geschehen unter der Berührung der Sternenhände Wunder. Zärtlichkeit und Ekstase, Sinnlichkeit und Hingabe bekommen ein Lied ...

Unsere Reise führt uns über Wiesen und Steppengras, an Flüssen entlang und durch Ansiedlungen mit bunten Basaren, hinauf in die Berge und an den großen See. Am Isyk-Köl, dem warmen Salzsee, werden wir eine Weile bleiben. Das Dorf Kara Talaa liegt ganz in der Nähe. Ein paar Nächte wohnen wir bei einer alten Frau und ihrer Enkelin. Ziegen, ein Hund und das langgezogene Ufer des Sees zeigen sich beim Blick durch die Jurtentür. Am Nordufer des Sees zeichnet sich die hohe Bergkette nach Kasachstan ab. Tscholpon, das Mädchen, macht Tschai. Kleine Reisigbündel liegen neben der Feuerstelle im Sand. Das Holz ist mühsam zusammengesucht und rar. Gekocht wird im Freien. Wind facht das Feuer an, im Kessel ist ein Eintopf. „Tscholpon heißt Abendstern", erzählt uns Babuschka, die Großmutter. „Damals, als die Kleine geboren wurde, ist er gerade aufgegangen. Und so haben wir ihr diesen Sternennamen gegeben."

Die Babuschka webt während des Erzählens bunte Bänder für die Jurten, auf einem einfachen Webrahmen. Muster zeichnen sich ab, und erst wenn sich mehrere der Ornamente aneinanderreihen, lässt sich das Gesamtgefüge erkennen. Ein stilisiertes Widdergehörn entsteht. Eines reiht sich an das andere auf dem Kyjal, dem Musterband. „Kyjal bedeutet Traum", sagt Tscholpon. Ein Packen Federgrashalme liegt da, der darauf wartet, mit Wolle umsponnen und kunstvoll zu Matten, den Tshij, verarbeitet zu werden. Die Babuschka hat im Laufe ihres Lebens viele wundervolle Kuraks gemacht – bunte, dicke Decken aus Stoffresten. Im Nomadenleben sind all diese Dinge kostbar. Alles wird verwendet und weiterverarbeitet, solange es geht. Schnell sind die Hände der Babuschka. Ihr Augenlicht lässt nach und ihr Blick wendet sich immer mehr nach innen, doch ihre Hände kennen jeden Griff mit großer Sicherheit. Bunte Fäden und Wolle, Federgrashalme, an Fäden wie Spinnwirteln aufgehängte Steine, der Webkamm ... alles gleitet sicher durch ihre dunklen Hände. Es ist ein Tanz der Hände mit dem Material. Geschichten webt sie hinein und Windlieder. Wenn wir heute Abend ein Feuer machen, wird sie für uns singen.

Die Babuschka sitzt bei all ihren Tätigkeiten auf dem Boden. Alles spielt sich hier im Kauern ab. Auch die ältesten Menschen sitzen auf der Erde. Im Hocken wird gekocht, gewebt und gegessen. Es ist ein sehr direktes Auf-der-Erde-Leben und -Sein. Ganz unmittelbar. Vieles ist vereinfacht. Vielleicht entsteht daraus auch eine Bewusstheit vom eigenen Einfachsein – und dass es genügt, einfach zu sein. Diese Einfachheit hat etwas von einem kristallklaren Bergbach, von weitem Schneeland, vom Himmelsblau. Im Zusammensein mit einfachen Menschen wie den Nomaden werden die elementaren Gesetze wieder bewusst. Es kann wieder etwas ins Gleichgewicht kommen. Das nomadische Leben verlangt den Menschen ab, mit dem Strom des Lebens zu gehen, sich ganz dem zuzuwenden, was ist. Es ermutigt einen dazu, das zu schätzen, was man hat, mit dem zu sein, was ist und damit bestmöglich umzugehen. Nichts wird aussortiert. Die alte Nomadenseele stellt die Frage nach dem Wesentlichen – nach dem, was wirklich zu dir gehört. Sie fragt dich: „Was brauchst du, um glücklich zu sein? Wie weit ist es dir möglich, dich zu reduzieren, in dem Bewusstsein, dass du wunderbar und in Fülle lebst? Die Jurte, das Feuer, Menschen und Austausch, ein warmes Essen, eine Schlafstelle … was brauchen wir wirklich? Mögest du nie unglücklich sein, weil dir eine zweite Teeschale, ein Stück Zucker oder ein Kleidungsteil fehlt.“ Im Umgang mit dem nomadischen Geist ist es möglich, das Leben so zu kosten, wie es ist, in diese Einfachheit zu gehen und dabei nichts zu verlieren. Du wirst die Gewissheit bekommen, dass du getragen bist, dass sich alles in ein Netz einfügt – in einen Zusammenhang, der größer ist als du selbst. So wie die Babuschka webst du deine Fäden, deine Worte und Gedanken, deine Träume, dein Tun, in das große Netz. Dein ganzes Sein, alles webt Fäden in das Netz, gestaltet Wirklichkeit. Ich sehe dir dabei zu, tauche ein in dein Weben. Eine Handvoll Blüten bringe ich dir, damit dich ihr Duft erfreut. Sie schenken sich dir, du kannst sie als Tschai trinken, ihre Kraft und die Weisheit dieses Erdenteils aufnehmen und so weit werden wie dieses Land.

Du liest immer noch weiter, reist weiter und meine Seele lacht vor Freude darüber, an deiner Seite zu sein. Ich singe für dich mit der Stimme der Frühlingswinde. Ich feiere dich, ich ehre dich und alle deine Schritte. Unsere Begegnung berührt mich an meinem tiefsten Punkt. Etwas, das schon immer da war, ist in der Liebe zu dir vollständig wiedergeboren. Die Winde kommen von den Bergen, lassen ein entferntes Flötenspiel erahnen. Es klingt nach Sommer, nach Liebenden und ihren langen Reisen durch die Welt.

Während wir barfuß, lachend und unbeschwert am langen Ufer des Isyk-Köl entlangschlendern, im silbrigen Spiegel des Wassers die Wolken bestaunen, besinge ich deine wilde, weise Seele. Deine Wildniskraft in ihrer Ungezähmtheit, ihrer Stille, ihrem sicheren Instinkt, ihrer Anmut, in allem, was sie ausmacht, besinge und rufe ich. Für diese wilde Kraft gibt es oft wenig Freiraum. Die entlegenen, wilden Gegenden werden immer weniger. Das Meiste ist schon gezähmt. Mögen all die Verletzungen heilen, die beim Zähmen deiner wilden Seele entstanden sind. Atme meine Liebe ein, sie hat keine Grenzen, sie stellt keine Bedingungen. Sie nimmt dich vollkommen an, mit allem, was du bist, was auch immer du jemals getan haben magst. Lass sie alles ausfüllen, jeden leeren Raum durchfluten, lass sie die Blume in deinem Herzen wie Sonnenstrahlen wärmen. Möge diese Liebe wie ein Strom sein, der dich hinter alles Beurteilen trägt. Sie ist für dich da, ohne dass du etwas dafür tun musst. Du brauchst nichts zu erfüllen, musst nichts anderes sein, als du bereits bist. Es ist zutiefst sinnerfüllt und berührend, wenn du den Lebenstanz auf deine ganz eigene Weise bezeugst. Alles, was ich dazu tun kann, biete ich dir an. Ich begleite dich durch die langen Nächte, in denen du nicht allein sein willst. Und wenn du es mir erlaubst, bringe ich dich dorthin, wo du diese wilde, schöne Seelenkraft zu dir nehmen kannst – zu den Elementen, tief in die Sternennächte hinein, zum Ende der Welt, zum Anfang von allem, zum ewigen Strom. Ich bin bei dir auf dem Pfad, der den Jahreszeiten und den wandernden Herden folgt. Im Heulen der Wölfe, in dem Ruf der Adler, dem Schlag der Trommel fliegt dir deine wilde Kraft entgegen.

Still und weit liegt der Salzsee vor uns. Leise umspülen uns seine auslaufenden Wellen. Schafe ziehen vorbei und in der Ferne stehen ein paar Kamele. Mit einem hohen Pfeifen fliegen Vögel auf, die der Hund aufgescheucht hat. Er gehört zum Jurtenlager und hütet uns wie seine Herde. Wasser und Sand, Wind und Erdenberührung fluten auf uns ein. Ein sanftes Wellengeräusch, ins Wasser laufen, die warme Lebendigkeit der Hände fühlen, im Sand liegen, Liebesfäden spinnen und sie wieder loslassen. Das Erlebte füllt uns aus, macht sich in uns breit.

Abends sitzen wir am Feuer, zusammen mit Babuschka, Tscholpon, Nursat und Menschen aus weiter entfernten Jurten. Wo uns die Worte fehlen, sprechen unsere Lieder. Babuschka beginnt zu singen. Ihre Stimme ist tief und voll. *„Omyr degen kipkisil gul dschainagan, omyr degen bulbul bakta sairagan …“* Babuschka singt ein altes kirgisisches Lied. „Omyr, Leben. Das Leben ist wie eine rote Blume, sie ist so süß. Das Leben ist wie ein Vogel, der in deinem Garten singt. Wenn du ganz im Leben bist, wenn du dem, was war nicht nachtrauerst, dann kannst du es genießen. Genieße es, bevor es vorbei ist. Das Leben ist wie eine rote Blume, es ist wie ein Windhauch … Meine Jugend ist vorbei, so wie das Leben vorübergeht, wie sich die Farbe des Haares ins Silberweiß wandelt. Darum lebe jede Zeit so, wie sie ist. Lebe deine Jugend, koste sie aus, sie ist schnell vorbei. Alles hat seine Zeit. Das Leben ist wie eine rote Blume … “ Nursat nimmt den Faden auf. Ihre helle, weiche Stimme klingt leicht über das Feuer hinweg. Sie spielt Kil kyjak, ein Streichinstrument. Irgendjemand hat es mitgebracht. Ein junger Mann stimmt ein. Singend erzählen sie von ihrem Land, vom Strom des Lebens. Deine Lieder werden als Geschenke geschätzt. Aufmerksam, wach und voller Freude werden alle den fremden Klängen folgen. Sing etwas aus deinem Land, erzähle, was dich bewegt. Viele Lieder klingen in die Nacht hinein. Hinter alle Worte tauchen, sich von den Stimmen übers Feuer tragen lassen, bis die Glut erlischt. Ich will dich umtanzen und Sternenregen für dein Lebendigsein rufen. Ich besinge deine Träume. Mögest du selbst die kühnsten in die Welt bringen. Dunkelheit hüllt uns ein und das leise Geräusch der Wellen am See. In mir brennt ein Feuer, an dem du willkommen bist, das genährt wird von der Begegnung mit dir, von der Heiligkeit deiner Berührung, von deinem Mut zum Lebendigsein. Es ist ein sehr altes Feuer, das immer brennen wird. Hände, Atem, geflüsterte Geheimnisse, Lachen und ein wundervolles Zusammenfließen – ein Sich-tragen-Lassen. Eine rote Blume für dich. Ein Strom, der alles mitreißt, hohe Wellen, sanfte Strömungen. Verschmelzen, sich auflösen in einem Meer von Düften, von Seelengesängen, von Berührungen … Jeden Augenblick tief einatmen, jeden Augenblick in die Ewigkeit hinein ausweiten. Der Strom des Lebens wird uns schon morgen weiterführen.

Bei Sonnenaufgang brechen wir auf. Hitze, zerklüftete Wüstenhänge, Sandberge, wenige trockene Gräser, ausgetrocknete Flussbetten … Eine Kamelherde zieht vorbei. Wie vielfältig dieses Land ist, es reicht von Gletschern über Hochweiden und Steppen bis hin zu Taiga und Wüste. Schwarze Kraniche fliegen über uns Richtung Tien Shan. Langsam reiten wir durch die Sandlandschaft am Isyk-Köl. Es wird noch lange

dauern, bis wir unser Ziel erreicht haben. Es ist am Horizont zu erkennen, es wirkt nah, aber Entfernungen werden leicht unterschätzt in der Weite. Nursat hält an, es ist Zeit für eine Rast. Beim Auspacken des Proviants fällt ein Stück Brot zu Boden. Sie hebt es auf, legt es auf einen Stein neben den Weg, in alter Tradition. Brot wird nie weggeworfen und nie geschnitten. Es wird gebrochen und aufgehoben, wenn es zu Boden fällt, denn es ist heilig. Nursat hat etwas Stutenmilch mitgenommen. „Hier, Silber für dich, ‚Kymys‘ bedeutet Silber.“ Unser Pferdetreck ist dieses Mal groß. Neben den Packpferden reiten auch noch Tariel, Ruslan und Perisat mit. Du fragst nach der Bedeutung der Namen. „Perisat“ ist ein Feenname. „Peri“ heißt Fee. Die Geschwister wollen zum nächsten Lager, in die Jurte ihrer Großmutter. Ruslan wird seit Tagen von einer seltsamen Traurigkeit umhüllt. Das ist so ungewohnt, dass alle sich beratschlagt haben und ihn nun zu einer Bübü schicken. Wir werden eine Nacht bei ihnen bleiben, denn bis zu unserem Lager ist es noch einmal ein Tagesritt. Eilig wird alles abgeladen. Die Bübü ist bereits am Nachmittag da. Sie ist zu Fuß gekommen, begleitet von einem Taigan, einer Art Windhund. Er folgt ihr überall hin, wartet vor der Jurte und scheint das Ganze auf seine Weise zu schützen. Ruslan und die Bübü tauschen sich aus. „Wie sind deine Nachtgedanken?“, ist ihre erste Frage. Ruslan berichtet von dunklen Träumen, die ihn tagsüber weiterverfolgen. „Leg ein Messer unter dein Kopfkissen“, empfiehlt die Bübü. „Ich werde kurz mit deiner Großmutter sprechen, ich brauche ihre Schuhe.“ Nach kurzer Zeit kommt sie mit einem Paar zurück. Behutsam legt sie die Schuhe der Großmutter in die Asche vom Ofen. Alle sind ruhig und konzentriert dabei. Das schweigende Miteinander hat eine große Kraft. Die Bübü nimmt die Ascheschuhe und klopft sie auf Ruslans Schulter, mit der Bitte, dass seine Seele ihren Frieden wieder finden möge. Alle Energien sollen wieder in ein Gleichgewicht finden und an ihren rechten Platz kommen. Nun gilt es abzuwarten. Die nächsten Tage werden es zeigen. Die Bübü plaudert ein wenig, erzählt, wie es ihrer Familie und den Herden geht.

Am späten Nachmittag kommen Verwandte. Sie werden in die Jurte gebeten und bekommen den Ehrenplatz vor dem Dshuk, gegenüber vom Eingang. Sie sitzen vor den mit einem bestickten Vorhang verhängten Truhen, auf denen sich Teppiche und Decken stapeln. Kostbarer Besitz wird in Truhen und in den Tegdsche, den Taschen, aufbewahrt, die am Jurtengestell aufgehängt sind. Für die Gäste gibt es Ústukan, Fleisch. Es wird in einer ganz bestimmten Reihenfolge verteilt. Zuerst wird dem ältesten Gast Dshambash, das Hüftbein, gereicht. Es ist das beste Stück. Die älteste Frau der Familie bekommt den Steiß, Kuiruk, ein ebenfalls sehr geschätzter Teil. Das gemeinsame Feiern und Austauschen, Lachen und Singen wogt langsam in den Abend hinein.

Am frühen Morgen reiten wir weiter bis zum Sonnenuntergang. Wie überall, werden wir willkommen sein. Die Gastfreundschaft ist heilig. Alle, ganz gleich ob es angekündigte oder unerwartete Gäste sind, werden zu Kolomto geladen, zur Feuerstelle. Sie werden bewirtet und

in Freundschaft aufgenommen, denn Gäste werden als göttliche Gesandte angesehen. Sie kommen und bringen ihre Geschichten ans Feuer. Sie sind wie eine Quelle, bringen Lebendigkeit, bedeutsame Informationen und neuen, frischen Wind. Sie bringen sich selbst und das ist etwas Besonderes. Die nomadischen Völker wissen, wie es ist, unterwegs zu sein. Sie haben die Weisheit derjenigen, die die meiste Zeit unter freiem Himmel leben. Indem sie Reisende aufnehmen, tragen sie auch dazu bei, dass sie und ihre Verwandten anderswo willkommen sind. So wird das Reisen sicherer und leichter. Wo die alte Tradition der Gastfreiheit gilt, da ist es möglich, mit wenig Gepäck unterwegs zu sein. Eine sichere Unterkunft, Verpflegung, die Wärme des Feuers und der Austausch lässt die Menschen gut über lange Distanzen reisen, wenn Schutz und Unterstützung des eigenen Clans nicht gegeben sind. Die Gastfreundschaft verbindet und nährt so auch die Beziehungen zwischen den Jurtenlagern, den Clans, den Nationen, zwischen allen Menschen. Sie webt einen starken Faden des Friedens in das Gewebe der Welt.
Wir reiten weiter durch das Land. Unser Blick geht zu den Eisbergen, erahnt die hohen Spitzen des Khan Tengri und des Kan-Too, des Blutberges. Arashan, die Heilquellen kräftigen die Reisenden. Große Eisströme, rote Felsen, die Wüste Taklamakan, die eine Ewigkeit entfernt hinter den schneebedeckten Hängen des Tien Shan liegt, Samarkand, die Seidenstraße, der Naryn, Taschkent und Pamir, zahllose Geschichten, Schicksale, Verflechtungen, Klänge, Länder, der Augenblick, jetzt, hier, an deiner Seite – ein Augenblick in diesem großen Gewebe.
Immer wieder möchte ich bekräftigen, wie wunderbar du bist. Alle Ebenen des Miteinanderseins sind mir willkommen. Auf so vielfältige Weise will ich dir meine Zuneigung zeigen. So bunt wie die Blumen, in der Sprache der Schmetterlinge, im Rhythmus galoppierender Pferde, so leicht wie der Flug der Vögel sollen meine Worte zu dir kommen. Auf ihre Weise überbringen auch die Dunkelheit der Nacht und der kalte Winterwind die Botschaft meiner Liebe. Und irgendwann wird dir Shamal meinen Namen zuflüstern.
Wir haben das Jurtenlager erreicht. Akmaral und Bakai empfangen uns. Akmaral, die große, würdevolle Kirgisin mit dem Namen der weißen Hirschkuh, stammt aus einer alten Adlerjägerfamilie. Seit vielen Generationen sind sie mit den mächtigen Tieren vertraut und gehen mit ihnen auf die Jagd. Akmaral hat ein reiches Essen zubereitet. Kichererbsen, Möhren und Zwiebeln, Reis und Hammel sind fertig. Mittlerweile bist du hier so angekommen, dass du dich mit den Menschen verständigst, als sprächest du ihre Sprache. Manchmal beobachte ich dich, wenn du etwas mit dem Verstand begreifen willst

und wie schwer es dadurch wird. Ich sehe, wie du es dann aufnimmst und in das Land deines Herzens trägst. Dort nimmst du es zärtlich zu dir, gibst ihm Raum. Es fängt an, sich zu verändern, frei zu werden und leicht. Keine Gedanken bewerten es mehr. Und dann beginnt es dir die Kraft und die Botschaften des Neubeginns zu senden. Sie kommen in Wellen, branden an den Küstensaum deiner Erinnerung, umspülen deine Füße. Lass uns all das, all die Geschichten tanzen. Du nimmst an, was kommt, spürst die leichte Berührung der Hände, das Beben, die Zärtlichkeit, die Bewegung, die Verbindung mit der Erde, mit der Weite, mit Shamal, spürst die uralte erotische Kraft. Vergessenes, Verborgenes schaukelt sich an die Oberfläche. Gedanken, Strukturen, Bilder, alles kommt in Bewegung. Spüre, was diese Bewegung macht! Sie erzählt davon, dass sie Teil der ewigen Bewegung des Universums ist. Lass uns mit dem Seelenwind reiten.

Wir sind weit gereist. Viele einzelne Bilder sind da, der Blick fällt auf die gewebten Geschichten. Manche fügen sich zusammen, andere nicht. Vielleicht noch nicht. „Alles zu seiner Zeit“, hat Babuschka einmal gesungen. *Omyr degen kipkisil gul dschainagan …* Das Leben ist wie eine rote Blume … Alles, was ist, will gelebt werden, will Raum haben. Geh mit dem Fluss. Trink aus der Schale des Lebens. Trink die Freuden, die Köstlichkeit hinreißender Liebesnächte, schmecke das Bittere, geh in deiner Aufmerksamkeit mit dem mit, was im Augenblick ist, koste all die Geschmäcke, sie kommen und gehen. Bereise alle Länder, wach und klar.

In der Jurte von Akmaral weht ein sehr besonderer Geist. Er ist nicht greifbar und er ist auch nicht ständig da. Eine ganz eigene Magie umgibt die Adlerfrau. Sie winkt. Jetzt ist es an der Zeit, ein bisschen mehr von den großen Landkarten zu sehen, von den Zügen, den Reisewegen. Deine letzte Zeitspanne im Land der Nomaden wird dich auf einen größeren Teil des Gewebes schauen lassen.
Akmaral legt Ardscha ins Feuer und summt seltsame, fremdartige Lieder. Sie stößt einen hohen Pfiff aus und bald darauf erscheint am Himmel Berkut, ein Adler, und fliegt herunter, um dich abzuholen. Sie scheint mit ihm zu sprechen. Ihre Lider flattern leicht und ihre Hände zeichnen unsichtbare Wegstrecken in die Luft. Schau ins Feuer, lass dich mitnehmen, folge ihren Tönen, sie werden dir eine Tür öffnen. Das Feuer flicht seine Gesänge dazu, der Bergwacholderduft trägt dich über die Grenzen der alltäglichen Wirklichkeiten. „Es ist so weit“, sagt Akmaral, „Flieg, spann deine Flügel, flieg. Berkut wird dich zu einem besonderen Ort bringen, mit dir hoch in die Berge fliegen. Du wirst dich mit ihrem Schneeatem verbinden und ihn herunterbringen in die Steppe.“
Der scharfe Blick des Adlers ruht auf dir. Und dann breitet er plötzlich seine Flügel aus und erhebt sich in die Lüfte. Sicher führt er dich über die Weite, über die zerklüfteten Felsen, über Schnee und Eis. Dort, wo

die Bergspitzen in die Himmel ragen, lässt Berkut dich haltmachen. Shamal ist da, leise und kalt in der Stille der hohen Gipfel. Alle Himmelsrichtungen breiten sich vor dir aus, dein Blick kann weit in das Land hinein gehen, hinter alle Grenzen. Atme den Schneeduft ein und das Wolkenweiß, das Blau des Himmels, die Kälte und dann flieg hinunter in die Steppe. Flieg mit dem Adler über die Gletscher, über die hohen Bäume der Bergwälder, flieg hinunter zu den alten Steinkreisen, den Kurganen in der Weite des Graslandes. Während du mit Berkut über das Land fliegst, beginnen sich Landkarten auszubreiten. Die Landkarten deines Lebens, die Reisewege hier in Kirgistan, Lebenskreisgeschichten und Jahreszeitentanz, alles verwebt sich zu einem Teppich, der deiner Seele schon so lange vertraut ist. Du bist im Sommer hierhergekommen, bist durch den Herbst gegangen und hast die Kraft des Winters zu dir genommen. Neues wird sich mit der Kraft des Frühlings umsetzen, wenn du wieder zu Hause bist. Du wirst nun vieles durchwandern und weisen Kräften begegnen, die alle Qualitäten des Seins in sich bergen. Sie erzählen von den immer gleichen Gesetzen, im Großen wie im Kleinen. Dort unten, an einem heiligen Platz, wirst du jetzt noch einmal das ganze Lied deiner Reise hören.

Du lässt dich nieder an dem magischen Ort. Du weißt jetzt, was du wissen sollst und bist, wohin du kommen solltest. Berkut fliegt fort. Es ist still und die endlose Weite breitet sich um dich aus.

Am Horizont ist undeutlich eine Bewegung auszumachen. Da ist etwas, das sich zu nähern scheint. Aus allen vier Himmelsrichtungen kommen Gestalten von weit her. Sie bewegen sich auf dich zu. Noch ist nicht zu erkennen, wer es ist. Im Näherkommen ist das Klingen von Schellen und Glöckchen zu hören. Bänder und Stickereien, Gürtel, Lederverzierungen, Felle, Spiegel, Filz, Seide und Brokat, Leinen, Silberschmuck, Zöpfe ... Vier Älteste zeigen sich, so alt wie

die Steine, so zeitlos wie der Klang des Universums. Sie bringen dir die Ahnenkraft, die alte Heilkraft, das Wissen und die Weisheit der Himmelsrichtungen. Gekleidet in die Farben ihrer Länder, kommen sie langsam näher. Eine der Ältesten ist gekleidet mit der Kraft des Sommers, aus einer anderen Richtung kommt in Schwarz die Älteste mit den Geschenken des Herbstes. Die Winterälteste bringt die Farben des Schnees. Im Licht der aufgehenden Sonne kommt die Ostälteste mit der Kraft des Frühlings. Alle gehen langsam auf dich zu. Sie erscheinen in der Kraft und Einfachheit, in der Vielfalt und Pracht des Lebens. Sie sind mächtig und voller Würde, sind älteste Ahnfrauen, Kräfte aus uralter Zeit.
Sie setzen sich im Kreis um dich herum. In allen Gesichtern erkennst du Dscher-ene, Mutter Erde. Sie haben Geschenke für dich dabei, Geschichten und ein Lied. Du wirst einen Tag und eine Nacht lang mit ihnen zusammen sein.
Mit der Wärme der Sonne spricht die Älteste des Südens zu dir. „Du hast mein Land gekostet, jetzt in Kirgistan, ich will es noch einmal für dich besingen. So, dass es sich in deine Knochen singt, dass es dich durchflutet, dass du dich immer daran erinnerst, wie du es betreten kannst." Und sie beginnt, einen Klangfaden aus ihrem Mund zu ziehen, der die Schätze des Sommers zum Schwingen bringt. „Lass dich in meine Gesänge fallen, in den Sommer. Shamal ist da, warm und voller Kraft. Shamal berührt dich zärtlich, spielt mit deinen Haaren und wiegt dich voller Sanftheit. Du bist ein geliebtes Kind des Sommers. Du bist geborgen in deinem Clan, wirst behütet und umsorgt. Wunderbares, geliebtes Kind, du sollst all die Zuwendung bekommen, die du dir wünschst. Sei wild und verwegen, jage durch die Steppe auf dem Rücken der Pferde. Dein Jauchzen, deine unbändige Lebenslust wird gefeiert. Lebe deine Lust und Sinnlichkeit. Spiele. Du bist ein Sommerkind, bist voll des Zaubers von Dschailoo. Du darfst sorglos sein, es ist alles da für dich. Berühre die Welt, die warme Haut von allem. Spiele, lebe den leichten Sinn. Es ist gesorgt für dich. Die jungen Menschen- und Tierwesen, alle, die erst so kurz auf der Erde sind, werden geehrt und es wird alles dafür getan, dass sie gedeihen, dass sie wachsen können.
Dein junger Körper ist so biegsam, so kraftvoll. Genieß ihn mit jeder Faser. Lass dich treiben, nimm dir Spielraum, folge allem, was dich glücklich macht. Iss alles, was dich nährt. In deine Wiege ist das Recht gelegt worden, dein Leben zu weben, frei und selbstbestimmt. Es ist dein Recht und der Wunsch des Universums, dass dein Strahlen in die Welt geht. Auf vielfältige Weise ist die Liebe eingewebt in alles, was du aufnimmst, was du kostest. In jedes Gewand, das für dich

gemacht wurde, ist die Liebe deiner Mutter und Großmutter eingewebt – ihr Wunsch, dass du gewärmt seist, eingehüllt in alles, was du brauchst, in die Fürsorge aller und der Wunsch, dass du würdig leben kannst. Leicht und weit dehnt sich die Liebe zu dir über die Steppe aus. Sie ist da, im Überfluss des Sommers. Du musst sie nicht verdienen, du musst nichts sein und gleichzeitig darfst du alles sein. Es ist einfach nur eine große Freude darüber da, dass es dich gibt. Alles hat Platz, dein Begehren, deine Gefühle, dein Instinkt, deine Ungebärdigkeit. Geh unbefangen um mit deiner Wut oder deiner Ängstlichkeit. Sei da, mit weiten, offenen Sinnen. Freimütig darfst du sein, toben und dich schmutzig machen. Geh spielerisch um mit dir und der Welt. Du hast die Erlaubnis, dich und die Welt frei und lustvoll zu entdecken. Deine wilde, ungezähmte Seele wird geliebt. Alles wird dir verziehen. Wenn du beim Spielen die Zeit vergisst und deine Kleidung voller Erde ist, wenn du zornig bist und tobst, weil dir etwas nicht gelungen ist oder du deine Kämpfe ausfichst, dann wisse all das aufgehoben in meinen Ländern. Es gehört dorthin, jetzt ist die Zeit dafür. Wenn du als kleines Kind beginnst, im Alltag mitzuhelfen, wird an allem, was du gut machst, und auch an all dem, was du noch nicht schaffst, beseelt Anteil genommen. Geduld und Gelassenheit sind die Geschenke der Gemeinschaft an dich. Niemand ist in Eile. Ein warmes Lachen wartet auf dich. Abends, wenn du müde vom Stromern und Herumtreiben, vom Streunen und Lebenkosten in die Jurte ans Feuer kommst, wird Essen vorbereitet sein und jemand streicht durch deine wilden, zerzausten Haare. Mein geliebtes Sommerkind, so jung bist du und überschäumend, so eigen und einzigartig. Reise zu den Traumpfaden, wir hüten deinen Schlaf. Ein Liebeslied schaukelt dich in die Nacht hinein.

Vielleicht führen dich meine Worte jetzt zurück in deine Kindheit. Vielleicht weht Traurigkeit her, um das Kind, das zu früh weiterziehen musste, für das die Feuer nicht warm genug gebrannt haben. Weine deine Tränen für dich und alle Kinder, denen etwas vom Sommer genommen wurde. Deine Tränen werden etwas heilen davon. Ich rufe Shamal, rufe die Winde des Südens. Mögen sie deine Tränen trocknen, mögen sie dich wärmen und dich daran erinnern, dass immer Sommer ist, dass du immer ein geliebtes Kind des Universums bist. Die Winde meiner Länder werden dich daran erinnern, dass du immer den Tanz des Sommers in seiner ganzen Kraft und Wildheit tanzen kannst. Dass du dir die Erlaubnis geben kannst, meine Länder zu bereisen, zu spielen, voller Lust in deinem Körper zu sein, zu lieben und lustvoll zu leben.

Ich gebe dir einen roten Stein aus den Ländern des Südens. Es ist ein

Erinnerstein. Und dann gebe ich dir noch etwas, das mit deiner eigenen Südkraft zu tun hat, mit deiner Sommerweisheit, deiner Wildnisgabe, mit dem, was du aus alter Zeit mitbringst. Hier ist es, nur du allein weißt, was es ist. Ich freue mich, wenn du meine Geschenke annimmst."

Wie von weit her spürst du Akmaral, die leise summt. Sie legt Holz und Ardscha nach.

Kühler Wind zieht auf und die Sonne steht tief am Horizont. Die Älteste des Westens summt ein windbewegtes Traumlied in den Sonnenuntergang. Während sich die Farben der Steppe mehr und mehr in der Abenddämmerung verlieren, zieht sie einen Faden aus den inneren Schattenländern in den Kreis hinein. „Du hast in deinem Leben und auf der Reise durch Kirgistan die Länder des Westens geschmeckt. Ich bringe dir ein Lied von den Schätzen des Herbstes mit. Vielleicht erinnerst du dich. Es ist ein einfaches Lied. Wenn du tief in deiner Trauer bist, wenn dich die Einsamkeit anweht und sich aus untersten Schichten Altes schmerzhaft in dein Bewusstsein schiebt, dann summe mein Lied. Es wird von den Kostbarkeiten des Herbstes erzählen und davon, dass jede Begegnung, jeder Traum, jede Freude und jeder Schmerz Lehrende sind.

In meinen Ländern lernst du, Abschied zu nehmen. So, wie es jetzt an der Zeit ist, Dschailoo zu verabschieden. Die ersten Jurten werden abgebaut, es dauert nicht mehr lange und alle verlassen das Sommerlager für lange Zeit. Eisige Winde wehen bereits von den Bergen herab. Immer öfter ist der kommende Schnee zu riechen. Jetzt, vor der Rückkehr in die Steppe, werden Rituale und Zeremonien gemacht, mit dem Wunsch, dass alle sicher in ihre Winterlager kommen und im nächsten Jahr wieder an den Platz des Sommers, ins Dschailoo zurückkehren mögen. Noch einmal zieht der Sommer in Gedanken vorbei, er wird mit Dank bedacht. Wenn alle Jurten und offenen Ställe abgebaut sind, wenn die Herden sich schon aufmachen, werden Airan, Butter und Kymys in die Löcher der Jurten- und Stallpfähle gegeben. Den Wesenheiten des Platzes, den Spirits der Berge, den Schutzgottheiten, Umai-ene selbst wird gedankt und geopfert. In die verloschene Feuerstelle werden ein paar Fettklumpen gelegt. Ein letztes Mal wird damit die Feuerwesenheit geehrt und lebendig gehalten. Und dann verlassen alle endgültig Dschailoo. Es geht zurück, hinunter auf die Winterweiden. Die große Karawane zieht über den Pass, bevor der Schnee ihn unpassierbar macht.

Jetzt wirst du allein weitergehen, wirst Abschied nehmen von der Gemeinschaft, vom Sommer, von der Geborgenheit der Heimat-Jurte und ihrer Wärme. Auf deinen Wanderungen durch die Taiga, durch Steppen und Grasland, ahnst du den kommenden Winter. Shamal bringt Kälte und dunkle Wolken mit. Du hast deine Ernte eingeholt und genügend Vorrat für den Winter. Schau den Tieren zu, lass dich lehren von ihnen. Wie die Jungtiere nun ihren Weg allein gehen müssen, musst auch du die Herbstmonate allein durchreisen. Nimm Witterung auf und finde deinen Weg. Du wirst dabei deine Kraft spüren. Nimm mein Lied mit und summe es, es wird dich wärmen. Die Murmeltiere ziehen sich in ihren Bau zurück und die Bären suchen ihre Höhlen auf. Es ist Zeit, dich zurückzuziehen. Geh ins Innere der

Erde, geh tief hinein in die Höhle und wisse, dass du dort überwintern kannst. Hier öffnet sich etwas, das dich deine Verwandtschaft zur Wildniskraft erahnen lässt. Du wirst finden, was lange verloren schien. Du wirst im Inneren sortieren und überprüfen, wirst träumen und dabei viel erfahren. Du brauchst jetzt nicht mehr zu handeln. Es reicht, da zu sein. Es ist an der Zeit, die Schattenreiche zu durchwandern, auf unerforschten Seelenwegen zu gehen, Landkarten zu verzeichnen und Kenntnisse von der Nacht zu erwerben. Erkunde deine Erinnerungen. Zieh dich zurück, geh mit dem alten Rhythmus der Erde, der Tiere und Pflanzen, geh in das Innere, in die Höhlen des Träumens.

Du bist in die Wildnis geschickt worden, weil du geliebt wirst. Dort erprobst du deinen Überlebensgeist wie die Jungtiere, um den Winter zu überleben. Die Bärin schickt ihr Junges fort, Katzenmütter sondern sich von ihren kräftig gewordenen Kindern ab. Sie müssen ihre Nahrung nun selbst finden. Und was sie gelernt haben, wird sich bewähren. Zuvor haben sie spielerisch gejagt, doch jetzt fragt der Herbst ihre Fähigkeiten ab. Möglicherweise sterben sie in den ersten Frösten. Der Herbst macht verletzlich. Wenn du glaubst, in den kalten Stürmen zu sterben, wenn du dich gehäutet fühlst von Shamal, dann erinnere dich an mein Lied. Am tiefsten Punkt gibt es einen Schatz, den du heben wirst, eine Stille, die alles enthält, eine Weisheit, die du trinken kannst, eine Tür zum Wachstum. Spüre hinter dir all deine Ahnen. Schau zurück in die Zeit. Tausende von Generationen stehen hinter dir. Sie geben dir ihre Liebe und das geheime Wissen über das Werden, das Vergehen und die Erneuerung aller Dinge. Sie legen ihre Geschenke in deine Hände und atmen ihren Segen hinein. Es ist ein Hauch, ein Traum, eine unermessliche Kraft. Und Shamal trägt alles zu dir. Durch das Gestrüpp der Oberflächlichkeiten hast du den Weg hinunter gefunden in die Seelen-Urerinnerung. Dort träume die heiligen Träume der Ahnen. Sie legen dir eine Handvoll Samen in deine Tasche, damit du sie hütest und durch den Winter trägst. Sie singen ihre Lieder in die windbewegte Zeit – Lieder, die dir die Ahnen-Erinnerung bringen. Geh zurück in der Zeit, hinter alle Versehrtheiten, dorthin, wo du verbunden bist mit der Weisheit, mit der Kraft deiner Ahnen. Wie ein Strom aus Licht fließt ihre Mächtigkeit, fließt ihre Liebe durch alle Generationen, bis hin zu deinen Urgroßeltern, deinen Großeltern, deinen Eltern und zu dir. Mit diesem Strom fließt die Heilkraft der Ahnen, die verlorene Kraft der Mütter zu dir. Sie erzählen dir, dass du ein geliebtes Menschenwesen bist, dass du zutiefst verbunden bist mit ihnen, mit deiner Seelenheimat, mit deiner Sternenheimat. Und während Gräser und Blumen verwelken und den Weg der Wandlung gehen, wirst du in der Erde einen goldenen Samen finden. Ich summe mein Lied für dich, damit du es nie vergisst. Es ist ein Lied, das sich durch alle Sümpfe und Dunkelheiten singt, weil es sie versteht und annimmt. Es lässt deine Knochensubstanz vibrieren und ruft deine verschütteten Urahnungen wach. Es holt Erloschenes aus dem Vergessen und durchlichtet es wieder. Es klingt weiter, spannt einen Faden über die Abgründe der Getrenntheit, es singt sich zu den Wurzeln und in die Sterne. Es besingt die Erinnerungen und heilt sie. Es schickt einen Segen zurück in die Zeit, zu den Ahnen, zu alten Geschichten. Es besingt die vergessenen Ahnen und bindet sie wieder in das Gewebe ein. Es macht seinen Frieden mit allem. Es ist ein Lied des Verzeihens. Es besingt deine Gaben, denn es ist ein Liebeslied. Du kannst es für dich selbst singen, denn du bist jetzt herangewachsen, nährst dich immer mehr mit deiner Liebe zu dir selbst.

Ich gebe dir einen schwarzen Stein. Er soll dich an die Herbstkraft und an ihr Geheimnis erinnern. Du bist immer verbunden, du bist immer geführt und geliebt. Viele weise Ahnen stehen hinter dir. Sie schenken dir ihre Kraft, ihr Können, alles, was sie wissen. Hier habe ich noch etwas Besonderes für dich. Es ist etwas, das deine Gaben widerspiegelt. Nimm es mit auf deine Reise in den Winter."

Die letzten Worte sind kaum noch zu hören. Akmaral taucht schemenhaft auf. Sie füttert das Feuer, während Winterwinde herwehen. Shamal kommt aus dem Norden, schnell und unerbittlich. Das Lied der Nordältesten bringt Schnee und die eisige Gewissheit, dass der Winter ins Land gezogen ist. Es ist Nacht geworden. „Schau in die Weite, in das Weiß, rieche die Tundra, spür unter dir die gefrorene Erde. Jetzt geh mit deinen Schätzen und Gaben zurück in die Gemeinschaft. Du bist weise und reif geworden, voller Weite und Reichtum. Die Ahnen haben dir ihre Träume geschenkt und das Wissen von unzähligen Wintern. All das hast du mitgenommen auf deine Reise in den Norden. Du hast die Samen gehütet und in dein Herz hineingenommen, damit sie irgendwann aufgehen. Alle Landkarten, die du verzeichnet hast, alles Wissen, das du auf deinen Reisen gesammelt hast, ist jetzt wichtig. Das Winterfeuer brennt in der Jurte, du wirst schon erwartet. Davon erzählt mein Lied. Dein Platz ist bereitet im Kreis, setz dich zu den anderen ans Feuer. Alle haben ihren Platz, alle sitzen um die tiefe Glut herum, um das alte Feuer, in gleicher Wertigkeit. Schneestürme fegen um die Jurte.
Es ist still im Inneren, der Wintergeist ist ruhig und klar. Es geht jetzt darum, gemeinsam Menschen und Herden und alles, was euch anvertraut ist, gut durch den Winter zu bringen. Du bringst dein Wissen,

deine mannigfaltigen Fähigkeiten am heiligen Feuer ein.
Shamal bringt die Luft der Gletscher, den Duft des Nordens. Das Fell der Tiere ist dicht geworden. Es sind genug Vorräte da – Kurut, Trockenfleisch, eingesalzener Käse, Sommerkräuter und Herbstwurzeln. Vieles ist haltbar gemacht und wird das Überleben sichern. Überflüssiges gibt es nicht. Das letzte unnötige Gepäck ist zurückgelassen. Der Winter fordert Beschränkung.
An den heiligen Feuern werden euch die Geschichten des Sommers wärmen. Jetzt ist es an der Zeit, Mythen zu erzählen, zu lehren und dabei das Vertrauen ins Überleben zu vertiefen. Mein Lied soll dich tragen. In den langen Stunden, wenn es draußen klirrend kalt ist,

werden Lederbeutel, Birkenrindengefäße und Werkzeuge hergestellt. Die Tage sind ausgefüllt; erfinden, Feuer machen, Kämme schnitzen, lernen, verhandeln und entscheiden, Gewänder ausbessern und die Geschicke der Gemeinschaft planen, im Rat zusammensitzen, das Saatgut hüten, die Künste in die Welt bringen, Zeitengesetze erkennen, forschen, Antworten finden und sie miteinander teilen. An den heiligen Feuern werden Werte gewebt und verhandelt. Deine Kraft entfaltet sich, weitet sich, alles, was dich ausmacht, wird in der kältesten Zeit des Nordens erblühen. Deine Einzigartigkeit hat ihren Platz am Feuer, im Rat der Ältesten. Geh behutsam mit dir um. Sei zärtlich und sanft mit dir. Ermächtige dich, deinen Weg zu gehen, frei und voller Freude. Gib dir die Erlaubnis, deine Gaben als Geschenk einzubringen, ohne jede Erwartung. Es gibt etwas, das nur du geben kannst, so einzigartig, auf genau deine Weise. Das, was du mitbringst, ist genug. Im Netz braucht niemand alles zu können, es trägt dich und du webst den Faden hinein, den du zu weben gekommen bist. Mit aller Entschiedenheit folgst du deiner Seelenabsicht. Du weißt, dass dies das größte Geschenk ist, das du der Gemeinschaft machen kannst. Damit zeigst du deine Liebe zur Gemeinschaft, zu den Menschen, den Wesen, dem Land, das dich nährt, zur Erde, zu denen, die nach dir kommen. Du siehst das große, pulsierende Netz, das dich trägt, das du mitwebst, mit jedem Gedanken, jedem Wort, jedem Gefühl, jedem Handeln, jedem Traum. Du wirst lehren, versöhnen und handeln. Durch dein Wirken werden die Kreise um dich herum weiter, schwingen in immer kraftvollerer Weise ins Land. Alles ordnet sich, fügt sich in deinem klaren Wintergeist.

Ich singe für dich, davon, dass du nicht allein durch den Winter gehst, dass das Zusammenwirken alles leichter macht. Wenn jemand von draußen ruft und Unterstützung braucht, wirst du zu ihm gehen und entschlossen handeln. Vielleicht sind Tiere verloren gegangen oder jemand ist nicht mehr zurückgekommen. Wohlbedacht und angemessen wird es sein, wenn ihr mit dem Hund in die verschneite Taiga geht. Du wirst entschlossen handeln, wenn es sein muss und dich und die anderen nicht unnötig in Gefahr bringen. Die eisigen Winde lassen alle nahe zusammenrücken.

Die Winterkraft ist oft rau und unerbittlich. Jedes Ungleichgewicht kann sich tödlich bemerkbar machen. Ihr werdet gemeinsam für das Gleichgewicht sorgen. Im tiefsten Winter wird euer Atem zu Eiskristallen und eine feine gläserne Musik entsteht, wenn ihr im Kreis sitzt und euer Atem zusammenfindet. Entwickelt gemeinsam etwas, das größer ist als die Einzelteile. In meinen Ländern beginnst du, ein altes Gesetz des Zusammenspiels auf einer tiefen Ebene zu begreifen,

denn der Winter ist nur in der Gemeinschaft zu überleben. Das Wohl aller ist der Leitstern. Der Wunsch, dass alle Wesen der Schöpfung friedvoll und glücklich sein mögen. Die Kinder sind allen anvertraut, sie werden von allen beschützt und behütet. Deine Augen schauen voller Liebe auf die Kinder des Südens. Du wirst die Freiheit aller, ihr Recht auf die Entfaltung ihrer Gaben und ihre Würde verteidigen. Du weißt, dass die Gemeinschaft freie, einzigartige Menschen braucht, mit der Sommerwärme, der Herbstweisheit und der Winterklarheit. Und deshalb wirst du dafür sorgen, dass alle gesehen, geachtet, wertgeschätzt werden, dass ihre ganz eigene Weise Platz hat. Winterweisheiten werden über das Feuer getragen. Die Feuer des Lebens werden genährt. Deine Liebe zu dir selbst, für die anderen, für das Leben, lässt dich entschieden und beharrlich sein. Du wirst verhandeln und kampflos mit dem Leben gehen. Deine Versöhnlichkeit und dein Wissen, dass du verantwortlich bist für das, was du in das große Gewebe einwebst, macht deine Weisheit aus.

Du weißt Grenzen zu setzen und die Liebe zu dir selbst wird keine Überschreitungen zulassen. Du weißt, dass es zu einer Gefahr für alle werden könnte, wenn du zulässt, dass deine Grenzen verletzt werden. Du sorgst gut für dich, weil du nur so zum Wohlergehen des Ganzen beitragen kannst. Wenn du gut für dich sorgst, so wie alle anderen auch für sich, ist für alle gut gesorgt. Jetzt, da du deine Grenzen zu wahren weißt, beginnst du, sie zu öffnen. Sie werden durchlässig, weil du hinter deine Ängste und Überforderungen gegangen bist, weil du entschieden hast, sie frei und spielerisch zu weiten. Du verbindest dich, Liebesfäden wehen wechselseitig über alte Grenzen hinweg.

Du hast deine Wunden in Kraft verwandelt. Du kannst den Raum für dich und andere halten. Du hütest die Schätze deiner Einzigartigkeit. Durch deine Worte klingt die Weisheit vieler Generationen. Du verstehst es, die Fülle des Sommers lebendig zu halten. Fast unmerklich senkst du Bilder von Sternenweite in die Herzen hinein. Manche Menschen wirst du über die Schwelle begleiten, wenn sie in andere Welten hineinsterben. In dunklen Winternächten schickst du Visionen auf den Weg und horchst auf die Klänge der Erderneuerung. Jetzt kannst du den Sommerkindern deine Heilweise anbieten und deine Kraft für die Länder des Westens. Im Norden wartest du auf sie und holst sie ans heilige Feuer. „Geht weiter als ich selbst gegangen bin, geht weiter als wir alle jemals gegangen sind“, wirst du ihnen sagen. Du hast deinen Thron bestiegen, bist gekrönt mit deiner Weisheit. Das Nordlied besingt deine königliche Kraft. Jetzt trägst du die Krone der weisen Kräfte des Winters. Mächtig bist du geworden und sehr schön.

Ich schaue auf deine Gewänder. Vielschichtig und reich sind sie. Ein großer Mantel liegt über deinen Schultern. Er ist gemacht aus dem Reichtum des Landes – samten, bestickt, mit verzierten Knöpfen und Fellen, die wärmen. Geschichten sind hineingewebt. Die Muster sind uralt. Viele vor dir haben ihn getragen, deine Fäden weben sich dazu. Der Saum berührt die Erde, deine Bewegungen lassen das Licht in den Spiegeln tanzen. Wie ein Wasserfall, eine glitzernde Schneedecke, eine bunte Sommerwiese ist er, voller Sternengeheimnis und Erdenschönheit.

Du lebst dein Potenzial, gibst dein Wissen weiter. Es fließt mit dem der anderen zusammen. So könnt ihr für kommende Generationen in Weisheit mitentscheiden.

Lang ist der Winter und mächtig. Ich gebe dir einen weißen Stein, so sanft und weich und kraftvoll wie das innere Winterfeuer. Umai-ene wohnt in den Herzen der Menschen, sagen die Leute hier. Möge der Stein dich an die große Winterkraft erinnern. Ein zweites Geschenk gebe ich dir, es ist eines deiner Insignien. Und nun zieh weiter.“

Akmaral schürt das Feuer nach. Ihr Summen geht über in das Lied der Ostältesten, in die aufgehende Sonne hinein. Der Schnee schmilzt und die Frühlingskraft drängt heraus. Shamal kommt, kräftig und frisch und bringt den Neubeginn. Der Winter geht zu Ende. Du bist am Ziel der Reise, die alte Form zerspringt.

Im Frühling, beim ersten Donner, gehen die Frauen vor die Jurte, umrunden sie und klopfen dabei mit Schöpfkellen auf ihre Eimer. Jedes Jahr aufs Neue, wenn alles anfängt, zu sprießen und zu knospen, begrüßen sie die neue Lebenskraft. Sie singen und rufen. „Möge das Land blühen, mögen die Kräuter wachsen. Mögen die Herden groß werden und die Euter voller Milch sein.“ Ihr Rufen lässt den Sommer erahnen. Die Älteste sagt: „Golden schimmert es aus meinen Ländern, die aufgehende Sonne leuchtet alles aus mit ihrem Licht. Ich bringe dir ein Lied vom östlichen Weltenrand. Es wird das Fremdeste aller Lieder sein. Es erzählt von Shamal, von den Vögeln, den Traumpfaden, vom Stab der Weltenschöpfung, von den Ortsgeistern, vom heiligen Berg und deinem Totemtier. Wenn du anfängst, mein Lied zu singen, wirst du sterben. Es wird dich hinaustragen über alle Ordnungen und dein bisheriges Leben. Windschnell trägt es dich über die Grenze des Todes hin zur Wiedergeburt. Auf einer Regenbogenbrücke tanzt du den Geist des Frühlings, gekleidet in den Farben der Unsterblichkeit. Wenn das letzte Eis auf den Seen schmilzt, erstes Hellgrün durch die Schneedecke schaut, die ersten Blumen erblühen, dann ist das Ziel der Reise erreicht. Perlend kommt das Wasser aus der Quelle und bringt Neues. Die Sonne erhellt die Tage, durchlichtet, erneuert. Jetzt werden alle anderen Jahreszeiten geboren. Das war schon im-

mer so, ist uralt und zugleich ewig neu. Du tanzt und träumst vom Aufbruch und von Reisen, von erfrischend neuen Wegen. Alte Ordnungen sind in die Morgendämmerung hinein gestorben. Der Atem des Lebens selbst singt das Ostlied weiter. Du bist im Land der Urschamanin, der Heilkraftberührung. Hier findest du eine Flöte. Spiel auf ihr, spiel deine Schöpfungskraft, deine Ekstase, spiel dein Lied, spiel das Lied von der Geburt der Sterne. Nähre das Sternenfeuer.

Die Steppe beginnt sich aufzuwärmen. Leben quillt aus der Erde hervor. Überall wird geboren. Ein Kalb ist zur Welt gekommen, es wird ein Fest geben, so wie zur Geburt eines Kindes ein großes Willkommensfest stattfindet. Die erste Milch der Kuh wird sorgsam gehütet. Der erste Löffel wird ins Feuer gegeben für Umai-ene und dann wird das Kalb damit bestrichen. Segnungen und gute Wünsche begleiten es. Jetzt trinken alle davon, alle Gäste, die eingeladen wurden und auch der ganze Clan. Der Unterschied ist nicht so groß zwischen den kleinen Tieren und den Menschenwesen. Ein neues Leben ist aufgeblüht. Es ist kostbar und will gefeiert sein.

Berühre die Erde, verbinde das Materielle, dein Erdensein mit allem Geistigen, mit der universellen Kraft, mit deinem Sternensein. Du lachst, es ist das glockenhelle Lachen der Freiheit. Mein Lied erzählt viel von der Freiheit, meine Länder sind weit hinter allen Fesseln und

Beschränkungen. Springe über die letzten Hindernisse, lass die letzten Einengungen hinter dir, verbrenne all deine Illusionen und hinderlichen Glaubenssätze im Sternenfeuer. Voller Einfallsreichtum und Erfindungsgeist gehst du, traumwandlerisch sicher, auf deinem Seelenweg. Deine Liebe ist weit geworden, weit wie der Himmel über dir. Sie schließt jetzt alles ein. Du bist die Erde. Du dehnst dich aus, in die Ewigkeit hinein. Du bist ganz in deiner magischen Kraft, du verwandelst dich in Wölfe, in Schneeleoparden, in Steppengräser, du wirst zu Stein und Stern. Frühlingsregen benetzt die Erde, Sonnenstrahlen spinnen sich dazwischen. Ein Regenbogen wird geboren.

Du weißt jetzt, wie du dich selbst heilst. Das Lied des Frühlings wird von den Vögeln, von Shamal, von den Spirits gesungen. In unzähligen Strophen besingen sie, wie alles in Ganzheit miteinander verbunden ist. Feiere dich selbst, erfinde dich neu. Webe das bunte Band zwischen dir und allem anderen. Dein helles Sehen, dein wahres Sagen, deine Magie, deine Kunstfertigkeit, deine Heilkraft kann sich nun ganz entfalten. Sprich die alte Muttersprache, tanze sie, summe sie, lass deine Zauberworte über die Steppenweite ziehen. Jetzt wirst du alles besingen und deine Klänge zerschmettern die alten Formen, fegen sie weg wie Frühlingswinde. Die Ältesten gehen geheime Bündnisse mit den Kindern ein. Sie wispern und lachen und laufen Hand in Hand auf die Berge zu. Wenn die alte Ordnung zerspringt, wenn die Starre des Winters schmilzt, dann wird ein mächtiges Lachen alles befruchten. Es ist die Weisheit der heiligen Närrin. In diesem großen Lachen sind Heiliges und Profanes eins. Alles ist heilig oder nichts. Jetzt gebierst du dich neu, lachend, in der uranfänglichen Erinnerung daran, wie es geht. Du dehnst dich aus, weitest alle Grenzen, und dein Ewigkeitsinstinkt weiß, wohin deine Reise gehen wird.

Nimm diesen Stein, der golden schimmert. Er wird dich an alles erinnern. Er ist immer bei dir. Wenn du dich in die Dunkelheit wagst und wenn du in den westlichen Schattenreichen bist, wird er dich daran erinnern, dass im Osten die Sonne aufgeht. Das zweite Geschenk wirst du selbst finden auf deiner Reise durch meine Länder. Vielleicht noch nicht jetzt. Aber es liegt bereit."

Die Ältesten erheben sich, mit einem Leuchten in den Augen – ein Lächeln, Stille und Wind. Sie wissen, dass du dich auf spiraligen Pfaden von Neuem durch das Lebensrad tanzen wirst. Langsam gehen sie zurück, jede in ihre Richtung. Irgendwann verschwinden sie am Horizont. Nur Shamal ist noch da, vielgesichtig, über die Steppe wehend.

Ein stiller Frieden liegt über dem Land. Vier Steine, Geschenke, Lieder. Im Licht des Feuers, im Rauch des Wacholders summt Akmaral vor sich hin. Sie bringt dich zurück ans Feuer. Mit jedem Atemzug sinken

die Bilder tiefer ein. Eine Schale mit warmem Tschai steht an deinem Platz. Mit halb geschlossenen Augen horcht Akmaral auf die Schwingungen, die du mitbringst. Ihr samtenes Lachen klingt über die tiefe Glut. Sie beginnt zu singen. Ihre Stimme nimmt einen warmen Erinnerton an. „*Dunuio tschirkir uschundai, kolundan katschkan kuschundai* ... Wie aufregend das Leben doch ist. Eines Tages wird es schnell dahinschwinden. Wer kann die Tiefe des Lebens erahnen? Wenn das Leben kommt, ist es wie ein goldener Vogel. Wenn es geht, ist es wie Eis im Winter. Wenn es kommt, ist es wie ein hoher Schneeberg. Wenn es geht, ist es wie ein Hirsch, der dem Jäger entkommt. So ist das Leben wie ein Vogel, der aus deiner Hand fliegt." Wie das Wehen Shamals, verlieren sich die Stimmen. Lass uns unser gemeinsames Schweigen belauschen und ihm folgen, wenn es ins Universum schwingt.
Es wird Nacht. Wir sind allein. So viele Male warst du schon hier, weit gereist, aus altem Sternenvolk. Voller Glückseligkeit nähre ich unseren Tanz und singe ein Liebeslied für dich. Die Klänge sind wie ein Lächeln, voll sinnlicher Lust. Es ist ein Locken, ein uralter Wunsch, den Augenblick des Einsseins mit dir in seiner ganzen Fülle zu erfahren. Ich küsse dir die letzten Zweifel von den Lippen. Die Flüchtigkeit des Augenblicks, der alles ist, was wir haben, der Vogel, der nur kurz auf der Hand sitzt. Lass uns uns all dem hingeben, rückhaltlos. Jeder Augenblick will ganz geschmeckt sein. Ich will dich tief berühren und mit deiner Seele tanzen. Uns von den Wellen tragen lassen, uns verströmen, in einer Umarmung dem Schlag des Herzens folgen, mit jedem Teil unseres Seins Gemeinsamkeit erfahren, am innersten Punkt etwas erwecken, miteinander verschmelzen ...
Nächte und Tage, Länder, Reisen, Lieben, Träume, Werden, Vergehen, eine rote Blume, ein goldener Vogel, Schnee und Sonnenwärme, Steppenweite, Gezeiten, Atem und Tanz, Lieder, Augenblicke ... alles fließt ineinander, ist nicht mehr unterscheidbar.
Ein Sonnenstrahl, *Nur*, fällt in die Jurte. Die helle Stimme von Nursat ist zu hören. „Komm, lass uns aufbrechen, es ist ein guter Tag. Das Gepäck ist schon auf den Pferden." Akmaral und Bakai nehmen Abschied von uns. Sie haben reichlich Essen und Kymys dazugepackt. Vielleicht kreuzen sich unsere Lebenswege wieder, vielleicht auch nicht. „Komm", sagt Nursat, „Du schaust dich immer wieder um, worauf wartest du? Nach wem schaust du? Es kommt niemand mehr." Sie wartet. „Sehe ich ein Staunen, ein Fragen in deinem Gesicht?" Nursat bindet die Pferde los. „Du weißt nicht recht? Wer mit uns gereist ist? Naja, die die ihre Verwandten besucht haben, wie Ruslan oder Perisat, und all die, die uns kurze Wegstrecken begleitet haben." Shamal singt leise. „Das meinst du nicht? Es war noch nie jemand anderes dabei.

Oder vielleicht doch? Jetzt wo ich dieses Staunen bei dir wahrnehme, erinnere ich mich, dass es mir manchmal so schien, als würde uns jemand begleiten, als tanztest du manchmal mit … ich weiß nicht wem … es war jedenfalls sehr lebendig in diesen Augenblicken.“ Nursat schaut in die Weite und ihre Gedanken scheinen weit in die Zeit zu fliegen. Irgendwann huscht ein Lächeln über ihr Gesicht, sie geht zu den Pferden und verstaut die letzten Geschenke. Leichte Winde kommen auf und mit ihnen ein Klang, ein Hauch, *Omyr*. Shamal weht über die trockene Erde. Eine kleine rote Blume tanzt im Wind. *Omyr degen kipkisil gul dschainagan* … Ein betörender Duft von Blüten und frischen Kräutern legt sich, windgetragen, über die Steppe. In weiter Ferne lässt das Sonnenlicht etwas aufleuchten. „Geh“, ruft Nursat, „Geh hin, es ist wichtig für dich. Wir haben Zeit.“ Klänge aus dem Osten besingen den leichten Gang, die Weite der Steppe, die Erde unter deinen Füssen, Artemisias Erinnerduft ans Mutterland. Mit einundvierzig Orakelsteinen aus der Steppe hat dir die Bübü vor langer Zeit etwas vom großen Gewebe mitgeteilt, etwas über deine Reise und deine Liebe.
Shamal überbringt Botschaften an dich, trägt Liebeslieder zu dir.
„Vor langer Zeit habe ich diese Reise meiner Liebe zu dir gewidmet. Sie begleitet dich auf allen Wegen. Sie ist so weit wie der Himmel, so tragend wie die Erde, so geheimnisvoll wie Sternenstaub. Sie ist so tief wie die

Meere und so mächtig wie die Schneeberge. Sie kennt keine Zeit und keine Grenzen. Meine Liebe schenkt sich dir wie ein frischer Gebirgsbach, wie eine Quelle, wie Ströme und Regen, wie stille Seen und reißende Flüsse. Ich bin wie eine rote Blume, wie ein Windhauch, wie das Lied der Vögel. Mögest du dich mir ganz öffnen, mögen wir Liebende sein, die bis zum Weltenrand tanzen und darüber hinaus." Die Worte verklingen im Wind, Shamal trägt die letzten Töne in die Ferne und ins Jetzt.

Es gibt geheimnisvolle Liebesbeziehungen. Du hast die vielleicht geheimnisvollste gekostet. Deine Seele kennt ihren Namen und ihr Gesicht.

Du hast jetzt die Stelle erreicht, an der du etwas funkeln sahst. Auf der Erde liegt ein blank polierter Messingspiegel. Nimm ihn. Es ist deiner. Das ist so mit den alten Spiegeln, die manchmal in der Steppe zu finden sind. Er kann dir das Gesicht der Erde, das Gesicht von Umai-ene zeigen. Wenn du wissen willst, wer dich begleitet hat auf dieser Reise, wem deine große Liebe gehört, dann kannst du auch das sehen. Schau einfach in den Spiegel. Darin siehst du eine Geschichte über das Leben und das Leben trägt dein Gesicht.

Sanft berührt dich Shamal und singt leise alte kirgisische Lieder, *Omyr degen kipkisil gul dschainagan, omyr degen bulbul bakta sairagan. Omyr barda ökynböstön oinop kyl, oinop kyl, omyr ötsö dscharalbaisin, dscharalbaisin kairadan* ... das Leben ist wie eine rote Blume ...

Cambra Skadé

Meine Forschungs-, Spiel- und Wirkbereiche sind Kunst als magischer Akt, die Verbindung von Kunst, Magie und Heilen, Kunst als Fachsprache des Schamanischen. Meine Mittel sind Bilder, Worte, Tanz und Rituale.

Publikationen: *Am Feuer der Schamanin*, *Töchter der Mondin*, *verwurzelt fliegen*, Bilderweberin von *Botschaften der Großen Göttin* und *Göttinnenzyklus*

- akademische Ausbildung im Bereich Kommunikations-Design
- kunstmagische Heilwege

www.cambra-skade.de

Danksagung:

Die Geschichte, das Buch, ist zusammen mit Nursat Moldobeava, Dschildis Umetalieva, Gustav Flohr, Mea v. Eyb, Inga Degenhart und Ulla Kallhammer entstanden.
Vieles ist zudem eingeflossen von den Menschen, mit denen ich an heiligen Feuern saß, hier und in Kirgistan. Die Lieder und Bilder, das gemeinsam Gelebte, die Inspirationen machen es zu einem gemeinsam Gewebten.
Meinen Dank von Herzen.
Aus dem Isyk-Köl-Museum in Tscholpon-Ata sind die Bilder auf Seite 3, 48, 70, 77.

Originalausgabe

Gesamtgestaltung: Cambra Skadé
Lektorat: Ute Orth, Ulla Kallhammer
Korrektorat: Nadine Drexl
Druck: Himmer

www.nietsch.de
info@nietsch.de

ISBN 978-3-939570-54-7